Claudia Linz

Glücksorte
in
Stockholm

Fahr hin & werd glücklich

Dieses
Glücksbuch
ist für

Liebe Glücksuchende,

die Schweden sind eines der glücklichsten Völker der Erde. Beim World Happiness Report belegen sie regelmäßig einen der vorderen Plätze. Auch die schwedische Autorin Astrid Lindgren schwärmte zeitlebens von ihrer glücklichen Kindheit in ihrem Heimatland. Dieses Glück hat sie so inspiriert, dass sie sich die allerschönsten Geschichten ausdachte. Eines ihrer Bücher, Ferien auf Saltkrokan, wurde auf Norröra, einer Schäreninsel vor Stockholm, verfilmt. Norröra ist das, was die Schweden als „Smultronstället" bezeichnen, ein Wort, das sich nicht so leicht übersetzen lässt. „Smultron" heißen in Schweden die süßen Walderdbeeren, und „Smultronstället" ist somit sehr treffend ein Synonym für den Lieblingsplatz. Dieses Buch vereint eine Menge solcher Glücksorte in und um Stockholm: Schäreninseln sind natürlich dabei, das Café mit den allerbesten Zimtschnecken, das Pfefferkuchenhausmuseum (wie himmlisch es dort duftet!), Badestrände mitten in der Stadt, aber auch anregende Museen und eindrucksvolle Schlösser.

Lassen Sie sich inspirieren und finden Sie Ihren persönlichen „Smultronstället" in einer faszinierenden Stadt.

Ihre Claudia Linz

Deine Glücksorte ...

4

...noch mehr Glück für dich

Pippilotta im Pyjama

1 Astrid Lindgrens Wohnung in der Dalagatan

Was hat sie uns nicht alles geschenkt: die heile Welt der Kinder aus Bullerbü, die Abenteuer des stärksten Mädchens der Welt, die sympathischen Lausbubengeschichten von Michel, der im Original Emil heißt. Im Haus Nummer 46 in der Dalagatan purzelten Lasse, Pippi, Ronja und Karlsson in ihr fiktives Leben. Dort wohnte Astrid Lindgren von 1942 bis zu ihrem Tod 60 Jahre später. Die 4-Zimmer-Wohnung kann man im Rahmen einer Führung besuchen und die Atmosphäre schnuppern, in der die Autorin ihre Einfälle zu Papier gebracht hat.

In der Garderobe hängt Astrid Lindgrens Mantel. In einem der Zimmer steht Tochter Karins Bett, in dem sie 1941 eine Lungenentzündung auskurierte und zu ihrer Mutter den legendären Satz sagte: „Erzähl mir was von Pippi Langstrumpf!" So ging es los: In diesem Moment erfand Astrid Lindgren das Mädchen, das eine der bekanntesten Kinderbuchfiguren der Welt werden sollte. An ihrem Arbeitsplatz steht die Schreibmaschine, in die sie ihre Stenografien getippt hat. Daneben liegen Brieföffner, Brille und ein Block. Stenografiert hat die Autorin ihre Bücher häufig im Bett. Als ein Journalist 1952 wissen wollte, ob sie ein bevorzugtes Kleidungsstück habe, antwortete sie lachend: „Ja, das ist sicherlich der Pyjama. Inzwischen weiß wohl ganz Schweden, dass ich so faul bin, mich ins Bett zu legen, um zu schreiben." Sie hatte dies beibehalten, nachdem sie sich 1944 den Knöchel verstaucht hatte und einige Wochen das Bett hüten musste. Weil ihr das auf Dauer recht öde wurde, vergnügte sie sich mit Pippilotta Viktualia Rollgardina Pfefferminz Efraimstochter Langstrumpf und schrieb auf, was sie Karin erzählt hatte.

Was die Wohnung am meisten prägt, sind Bilder – die Wände hängen voll davon – und Bücher. In den Regalen sind „alle ihre Kinder" zu finden – nicht nur in Schwedisch. In 107 Sprachen wurden Astrid Lindgrens Werke übersetzt. Selbst die Kinder in Indonesien, Japan und Afghanistan kennen die Geschichten, die von der Dalagatan aus die Welt eroberten.

TIPP

Die Führungen sind oft ausgebucht, daher gibt es auch einen virtuellen Rundgang auf der Website.

● Astrid Lindgrens Wohnung, Dalagatan 46, 113 24 Stockholm, Tel. +46 (8) 12 20 25 00, www.astridlindgren.com
● ÖPNV: U-Bahn 17, 18, 19 (grüne Linie), Haltestelle Odenplan

Malerisches Schärenidyll

2

Gällnö hat seine Ursprünglichkeit erhalten

TIPP

Beim Zeltplatz baden die Touristen. Echte Insulaner bevorzugen den Strand Landsgrunderna.

Zwischen Grinda und Sandhamn liegt das Schärenjuwel Gällnö. Ein magischer Ort, perfekt, um den Stress hinter sich zu lassen und die Lebensfreude zu feiern. Ein Aufenthalt ist wie eine idyllische Reise zurück in die Vergangenheit, denn die Bewohner haben die alten Schärenhäuser erhalten und bewahren so das Bild, wie es sich den Besuchern früher bot. Rote Häuser, umgeben von lila und weißen Fliederbüschen, üppige bunte Blumenwiesen, auf denen Orchideen blühen, Tiere auf saftigen Weiden und kleine Felder fügen sich zu einem Bild, das die Seele streichelt. Besonders schön ist es im Frühling, wenn die Apfel- und Kirschbäume ihre Blüten ausbreiten und sich in ihren duftigen weißen und rosa Kleidern zeigen. Etwas später wird auf der Schäreninsel Spargel geerntet. Wegen seiner Ursprünglichkeit ist Gällnö auch ein beliebter Ort für das Mittsommerfest: Dann werden dort armeweise Blumen gepflückt, Kränze gewunden und der mit grünen Girlanden geschmückte Mittsommerbaum auf der großen Wiese aufgestellt.

90 Minuten sind es mit dem Boot von Stockholm nach Gällnö. Es gibt einen Laden für Lebensmittel und Gebrauchsgegenstände, ein Café und eine Bar mit Speisen sowie Sitzplätzen auf dem Steg und unter Apfelbäumen. Frisch gestärkt lässt sich auf schönen Wander- und Radwegen die Insel erkunden. Informationstafeln (auch in Englisch) verraten so manches Wissenswerte. Auf dem 4 Kilometer langen Gällnöstigen (Gällnöweg) etwa kann man einiges über die Geschichte sowie die Flora und Fauna der Insel erfahren. Und lässt man die schöne Jugendherberge in der alten Schule und den Hof Gustavsberg hinter sich, gelangt man in Heidelbeerwälder und zu einem kleinen Sandstrand mit Zeltplatz. Ein schmaler Sund trennt Gällnö von der benachbarten Insel Karklö. Um ihn zu überqueren, kann man sich ein Ruderboot ausleihen. Aber Achtung: Man muss gewährleisten, dass immer ein Boot auf jeder Seite liegt, was bedeutet, dass man zunächst das zweite holen und erst dann übersetzen und sich umschauen kann.

● Gällnö, 130 33 Gällnöby, www.gallno.se
● ÖPNV: Boote von Waxholmsbolaget oder Strömma/Cinderella ab Strömkajen oder Strandvägen, Anlegestelle Gällnö

Hopfengenuss im Park

3

Obwohl nur etwa einen Steinwurf vom Nachtklub-Mekka Stureplan im exklusiven Stadtteil Östermalm entfernt, ist Humlegården eine friedliche Oase. Geschäftsleute in Anzügen breiten unter hohen Bäumen ihre Decken aus, lassen sich barfuß die Sonne ins Gesicht scheinen und futtern ihr Mittagessen aus der Tüte, ehe sie zurück ins Büro gehen. Kinder toben auf dem großen Spielplatz und Pärchen schlendern über die Wiesen und Wege. Ursprünglich wurden in dem königlichen Garten Obst, Gewürze und Hopfen angebaut, seit 1869 ist der Park öffentlich. „Humle" heißt Hopfen – klar, dass es dort einen Biergarten gibt. Er heißt Omnipollos Flora. Unterschiedliche Biere und Craft-Beer, etwa belgisches Pale Ale, sowie Bier-Cocktails werden ausgeschenkt. Dazu kommen außergewöhnliche Kreationen der Craft-Beer-Brauerei Omnipollo, zum Beispiel Biere mit Kirsch-, Blaubeer-, Schokolade-Vanille-Kokosnuss- oder Brownie-Marshmallow-Geschmack. Speisen wie vegane und andere Burger, Fish and Chips sowie selbstgemachtes Eis runden das Angebot ab. Wie der Biergarten hat auch das Restaurant Surfers nur im Sommer geöffnet. Im Park gibt es außerdem eine Skateboardrampe für Jugendliche sowie in der Mitte eine von bunten Blumen umkränzte Statue des Botanikers Carl von Linné.

In dem kurz „Humlan" genannten Park liegt auch die Königlich-Schwedische Bibliothek. Dort schlummerte rund 50 Jahre lang eine Pippi-Geschichte, die Astrid Lindgren anlässlich des schwedischen Kindertages 1949 geschrieben hatte und die im Humlepark spielt. Weil dort Taschendiebe und böse Jungs herumlungern, packt Pippi ihre Siebensachen und macht sich auf nach Stockholm. Tommy und Annika, das Pferd Kleiner Onkel, den Affen Herrn Nilsson, sogar die ganze Villa Kunterbunt hat sie im Gepäck, sie will schließlich kein Heimweh riskieren. Was die Polizei nicht schafft, wird für das Mädchen mit den roten Zöpfen zum Kinderspiel. 2002 wurde *Pippi in Humlegården* (Pippi im Park) als Bilderbuch herausgegeben.

● Omnipollos Flora, Kungliga Humlegården 1, 114 32 Stockholm
www.omnipollosflora.com
● ÖPNV: U-Bahn 17, 18, 19 (grüne Linie), Haltestelle Hötorget, dann Bus 75, Haltestelle Humlegården (på Sturegatan)

Feel-Good-Garantie

4

Kunterbunte Mitmach-Reise im ABBA-Museum

Dancing Queen, Mamma Mia, SOS – Feel-Good-Music at its best läuft im 2013 eröffneten ABBA-Museum in Endlos-Schleife. Neben den Songs zaubern auch Bilder, Requisiten, Björns sternförmige Gitarre, die umwerfenden Glitzerkostüme und Plateausohlen einfach jedem ein Lächeln ins Gesicht. Der Rundgang durch die Geschichte der erfolgreichen Pop-Band beginnt mit Fotos aus dem Familienalbum und der Karriere vor ABBA. Der hellblaue Chinouk Camper ist zu sehen, mit dem Benny Andersson sehr erfolgreich mit seiner Band The Hep Stars in den 1960er-Jahren durchs Land tourte. Die Band war in Schweden damals so populär wie die Beatles in Großbritannien. Weiter geht es zum Durchbruch im englischen Brighton: Im Minutentakt stürmen die vier die Bühne und gewinnen mit *Waterloo* den Eurovision Song Contest. Es folgen ein Originalschminktisch und die Schneiderei, in der der Abba-Style kreiert wurde. Über die Schlaghosen sagt Benny, sie seien ihm viel zu eng gewesen, und Björn verrät, er habe in manchen Kostümen nicht mal sitzen können. Neu hinzugekommen ist die Ausstellung *ABBA Voyage* mit Interviews und Informationen über die „Abbatare". Das Museum ist aber nicht nur stolz auf seine Dokumentationen, sondern ebenso auf die interaktiven Möglichkeiten. Wer will, singt und tanzt als fünftes Mitglied mit den Stars auf der Bühne oder startet mit der VR-Brille einen Helikopterflug über die Schärenwelt bis zur Insel Viggsö, wo in Björns und Agnethas Sommerhaus einige der besten Songs entstanden sind. Bennys Studio-Piano ist mit dem Museum verbunden, und wenn das rote Telefon klingelt, sollte man den Hörer abnehmen. Ein Besucher aus Mexiko hatte so einmal das Vergnügen, mit Anni-Frid zu plaudern. Wer nicht so viel Glück hat, lässt sich ABBA-Anekdoten von Agnetha, Björn, Benny und Anni-Frid per Videoguide erzählen. *Walk In. Dance Out* lautet das Motto des Museums, und das darf man wörtlich nehmen. Diese kunterbunte Zeitreise in die Disco-Ära verlässt jeder beschwingt und gut gelaunt.

TIPP

Im Museum wird kein Bargeld akzeptiert, es muss mit Karte bezahlt werden.

● ABBA The Museum, Djurgardsvägen 68, 115 21 Stockholm
www.abbathemuseum.com
● ÖPNV: Straßenbahn 7, Haltestelle Liljevalchs/Gröna Lund; Djurgården-Fähre, Haltestelle Allmänna Gränd

Klimafreundlich genießen

5

Nachhaltige Küche im Paul Taylor Lanthandel

Lust auf etwas Köstliches, Preiswertes und Nachhaltiges? An Wochentagen lohnt sich dazu mittags ein Abstecher in den Stockholmer Vorort Sundbyberg. Denn damit sich jeder klimafreundlichen Genuss leisten kann, bietet Paul Taylor Lanthandel täglich einen günstigen Mittagstisch an. Pünktlich um halb zwölf füllt sich der Laden, abends ist ebenfalls geöffnet. Mal gibt es Falafel, Risotto oder ein Curry, mal Hirschsteak oder Schweinefilet. Besonders günstig ist der Lunch montags, denn dann kocht Paul Svensson etwas Schmackhaftes aus den Zutaten, die im benachbarten Lebensmitteldiscounter übrig geblieben sind. Sein Credo: „Wir möchten das leckerste und erschwinglichste kulinarische Erlebnis bieten, das man sich vorstellen kann, ohne das Klima und den Planeten zu belasten." Deshalb kämpft der Gastronom und Fernsehkoch gegen Lebensmittelverschwendung, verfolgt das Zero-Waste-Prinzip, verwendet Bio-Zutaten und weniger tierische Produkte, kauft regional ein und möchte andere inspirieren, es ihm gleichzutun. Zu diesem Thema hat er auch einige Kochbücher veröffentlicht. Und wer nach dem Essen zum Beispiel noch regionales Gemüse einkaufen möchte, kann dies im angeschlossenen Unverpackt-Laden tun.

TIPP

Wer im Unverpackt-Laden einkaufen möchte, sollte Beutel und Behälter mitbringen.

So kommt Svenssons Salat von Freunden aus dem benachbarten Huvudsta und die Karotten aus dem 25 Kilometer entfernten Botkyrka. Den Mozzarella bezieht er aus Uppland, die Kühe weiden in Småland. Je nach Saison und Verfügbarkeit wechselt die Speisekarte ständig.

Auch Dingen, die andere als Müll und Unrat ansehen, haucht der selbst ernannte „Anwalt für nachhaltigen Genuss" durch Upcycling neues Leben ein. Die Stühle im Paul Taylor Lanthandel wurden aus recyceltem Plastik aus dem Meer hergestellt, die Tischplatten bestehen aus Artischockenschalen. Aus Weinflaschenböden schufen kreative Hände die Gläser für das Lokal. „Wir möchten, dass auch die Umgebung das widerspiegelt, was wir auf den Tellern servieren."

● Paul Taylor Lanthandel, Spinnerigatan 7, 172 61 Sundbyberg
www.paultaylorlanthandel.se
● ÖPNV: U-Bahn 10 (blaue Linie), Haltestelle Sundbyberg centrum;
Pendlerzug 43 bis Sundbyberg

Romantische Inselpausen

6 Långholmen – vom Knast zur Kraftquelle

Långholmen ist eine idyllische Insel mitten in der Stadt. Verliebte finden dort viele romantische Plätzchen. Der Sandstrand Långholmsbadet lockt an heißen Sommertagen Familien, Freunde und Pärchen mit Decken und Picknickkorb auf das 1380 Meter lange und 405 Meter schmale Eiland. Von dort genießt man das süße Nichtstun, blickt aufs blaue Wasser, sieht bunte Boote vorbeisegeln und freut sich an der Aussicht auf die gegenüberliegende Insel Kungsholmen.

Wunderbar erfrischend ist ein Bad in den kühlen Fluten des Riddarfjärden. Diese Bucht des Sees Mälaren ist herrlich klar, und nichts ist davon zu spüren, dass nur wenige Meter weiter das Großstadtleben pulsiert. „Reif für die Insel" – in Stockholm lässt sich dieser Wunsch auch in der Mittagspause schnell mal realisieren, und danach ist man wieder fit für den Alltag. Wer etwas länger bleiben möchte, geht auf Erkundungstour. Rad- und Spazierwege führen rund um das Inselchen, durch Wälder, vorbei an Häusern, Gärten, am Ufer schaukelnden Booten und dem Klippenbad. Wer sich selbst aufs Wasser begeben möchte, kann Kajaks und Stand-Up-Paddleboards (SUPs) ausleihen. Bevorzugt man kulturellen Genuss, ist man in Stora Henriksvik richtig. Das kleine Museum widmet sich dem Leben und Werk des Dichters und Komponisten Carl Michael Bellman. Im Garten lässt es sich bei Kaffee und Bellmanscher Musik entspannen.

Wer nach Långholmen spazieren möchte, überquert von Södermalm aus den Pålsundet über die gut 50 Meter lange Brücke Långholmsbron. Diese trägt noch einen zweiten Namen, Suckarnas Bro, die Seufzerbrücke. Denn noch bis 1974 war ein Besuch auf der Insel alles andere als ein Freizeitvergnügen, stand dort doch das gefürchtete Gefängnis Kronohäktet. Heute ist das Gebäude ein Hotel und Hostel von besonderem Flair mit Restaurant, Bar, Café und Gefängnismuseum. Man übernachtet in den einstigen Zellen, die hübsch hergerichtet wurden. Die Türen blieben weitgehend erhalten – aber, was für ein Glück, sie lassen sich von innen öffnen.

TIPP

Der Eintritt zur Ausstellung über Carl Michael Bellman und das Stockholm im 18. Jahrhundert ist frei.

....

● Långholmen Hotel und Hostel, Långholmsmuren 20, 117 33 Stockholm, Tel. +46 (8) 7 20 85 00, www.langholmen.com
● ÖPNV: U-Bahn 14 (rote Linie), Haltestelle Hornstull

„Glücklicher Lachs" bitte

7

Aeter- & Essencefabrik mit antikem Charme

Als 1889 in Paris der Eiffelturm eingeweiht wurde, eröffnete in der Wallingatan Stockholms Aeter- & Essencefabrik. Heute sieht es dort noch genauso aus wie vor über 130 Jahren. Auf antiken schwarzen Tafeln links und rechts der Eingangstür werden Pomeranzenöl, Safranextrakt und eine Essenz zur Herstellung von Glühwein angepriesen. Was draußen versprochen wird, wird drinnen gehalten. Ein paar Stufen hinunter, dann durch die Tür – und man ist gefangen vom Charme einer vergangenen Zeit. Die Original-Einrichtung aus dunklem Holz aus dem 19. Jahrhundert blieb erhalten. Auf dem Verkaufstisch stehen eine alte Registrierkasse mit Kurbel, antike Messingwaagen und Messinggewichte. Damit werden noch heute die Gewürze, die es in loser Schüttung gibt, abgewogen. In den Regalen dahinter stehen rote Dosen, Gläser und braune Apothekerfläschchen mit Korken. Es gibt Kardamom für die beliebten „kardemumma bullar" und Estragon, Wermut und Johanniskraut, Sandelholz- und Bergamottenöl, Veilchen- und Lakritzessenz. Das Sortiment umfasst mehrere 100 verschiedene Gewürze und eigene Gewürzmischungen sowie rund 100 Essenzen, die zum Aromatisieren von Eiscreme, Süßem und Getränken verwendet werden können. Dazu kommen ätherische Öle sowie eine Vielzahl weiterer Produkte zum Würzen und Zubereiten von Speisen und Getränken sowie Backzutaten. Viele der Aromen, Extrakte und Mischungen werden selbst hergestellt, und einige der bewährten Rezepte sind über 100 Jahre alt. Die Palette reicht von typisch schwedischen Produkten wie Heringsgewürz, „Glücklicher Lachs" oder Schärengewürz bis zu exotischem Berber-Gewürz und Garam Masala.

Der schwedische Schriftsteller und Künstler August Strindberg (1849– 1912) war schon Kunde des Unternehmensgründers Adolf Fredrik Lilieblad. Heute trägt eine Gewürzmischung zur Schnapsherstellung seinen Namen. Das Familienunternehmen wird in fünfter Generation geführt, damit ist Stockholms Aeter- & Essencefabriken eines der ältesten Unternehmen der Branche in Schweden.

TIPP

Die außergewöhnlichen und typisch schwedischen Gewürzmischungen eignen sich prima als Mitbringsel.

● Stockholms Aeter- & Essencefabriken, Wallingatan 14, 111 24 Stockholm, Tel. +46 (8) 20 83 26, www.essencefabriken.se
● ÖPNV: U-Bahn 17, 18, 19 (grüne Linie), Haltestelle Hötorget

Seeluft atmen

8 Minibootstour mit der Fähre nach Djurgården

Natürlich lässt sich die Freizeitinsel Djurgården schnell und bequem mit der Straßenbahn erreichen. Die grüne Lunge im Zentrum Stockholms lädt mit ihren Parkanlagen, Wäldern und Kanälen zum Spazierengehen ein und beherbergt einige der größten Touristenattraktionen der Stadt: Vasa-, Wikinger-, Wrack- und ABBA-Museum, Junibacken, den Vergnügungspark Gröna Lund und das Freilichtmuseum Skansen. Aber warum es nicht wie die Schweden machen und ein anderes Verkehrsmittel wählen? Eines, das die Einzigartigkeit der skandinavischen Hauptstadt schon bei der Fahrt spüren lässt und eine Extraportion Urlaubsfeeling beschert? Die Rede ist von der bei den Stockholmern außerordentlich beliebten Djurgårdsfärjan, der Pendlerfähre zwischen Slussen und der Ausflugsinsel. Zwar dauert die Überfahrt bis zur Anlegestelle Almänna Gränd nur 10 Minuten, aber die Aussicht auf das Wasser, auf Södermalm, die Altstadt Gamla Stan, Skeppsholmen und den Strandvägen ist fantastisch – und man zahlt dafür nicht mehr als für die Fahrt mit der Straßenbahn. Auch die Insel Skeppsholmen lässt sich mit der Fähre erreichen. Dort kann man zum Beispiel das Museum für Moderne Kunst und das schwedische Zentrum für Architektur und Design, kurz ArkDes, besuchen.

Der Fährverkehr hat übrigens eine lange Tradition: Bereits im 17. Jahrhundert setzten die Stockholmer in Ruderbooten über. Die erste „moderne" Fähre mit dem Namen Djurgården nahm 1897 ihren Betrieb auf. Heute wird die historische Strecke von den Schiffen Djurgården 8, 9, 10 und 11 bedient, die mit Umweltdiesel betrieben werden und über eine Abgasreinigung verfügen. Die Linie 82, wie sie in Stockholm genannt wird, gehört wie Bus, U-Bahn und Straßenbahn zum öffentlichen Verkehr von Stockholm und wird von der Firma Storstockholms Lokaltrafik (SL) verwaltet. Das bedeutet, dass alle Arten von SL-Tickets an Bord gültig sind. Das Einchecken an den Fährterminals ist unkompliziert – und schon kann man sich die Seeluft um die Nase wehen lassen und den Ausblick bewundern.

● Djurgårdsfärjan, Slussen, 111 30 Stockholm, Tel. +46 (8) 6 86 36 94
www.djurgardensfarjetrafik.se
● ÖPNV: U-Bahn 13, 14 (rote Linie), 17, 18, 19 (grüne Linie), Haltestelle Slussen

An den Strippen ziehen

9 Zeitreise in Drottningholms Schlosstheater

An einem Tag im Spätwinter 1921 tappen drei Männer im schummrigen Licht durch die Räume einer Lagerhalle. Sie forschen nach dem Verbleib eines bestimmten Gemäldes, das die einst auf Schloss Drottningholm üblichen Karussellspiele zeigen soll. Was sie nicht ahnen können: Die Suche katapultiert das Grüppchen mitten hinein ins 18. Jahrhundert, denn in dem schlichten Gebäude entdecken sie ein vollständig erhaltenes gustavianisches Theater mit original Bühnenmaschinerie, Kulissen und Kostümen. Eine schlafende Schönheit, unberührt seit dem Ende des 18. Jahrhunderts.

Schnell nehmen fesche Kavaliere in weiß gepuderten Perücken vor ihren Augen Gestalt an. In speziellen, dem Zuschauerraum und nicht der Bühne zugewandten Logen halten sie nach hübschen jungen Damen Ausschau. So gut ist das Theater bei seiner Entdeckung erhalten, dass nur die Seile der Bühnenmaschinerie und die Beleuchtung erneuert werden müssen.

Heute finden in Drottningholms Schlosstheater wieder Opern- und Ballettaufführungen statt. Die Kavalierslogen werden für Balkonszenen oder von den Bläsern des Orchesters genutzt. In den Pausen serviert man Getränke im 1791 angebauten Déjeunersalon, in dem das offizielle Verlobungsfoto von Kronprinzessin Victoria und Daniel Westling entstanden ist.

Zauberhaft wie die Darbietungen sind aber auch die Führungen, die während der Hochsaison auch in deutscher Sprache angeboten werden. Dabei erfährt man nicht nur, warum der größte und bekannteste Ballettlehrer und Schauspieler zur Zeit Gustav III., Jacques Marie Boutet de Monvel, sich nicht aus dem Staub machen konnte, obwohl er sich bitterlich über „das viel zu kalte Wetter" und das für seinen verwöhnten französischen Gaumen „schlechte Essen in Schweden" beklagt hat. Die Besucher sehen auch das Drehkreuz, mit dem die Kulissen bewegt werden, und die Windmaschine. Je schneller man dreht, desto heftiger tobt der Sturm. Hält man die Kurbel an, ist der Spuk vorbei. Wer würde sich davon nicht verzaubern lassen?

TIPP

Nach der Theaterbesichtigung bietet sich der Besuch des daneben liegenden Schloss Drottningholm an.

● Drottningholms Slottsteater, Drottningens paviljong, 178 93 Drottningholm, Tel. +46 (8) 55 69 31 00 , www.dtm.se
● ÖPNV: Boot ab Klara Mälarstrand Stockholm bis Drottningholm

Der Horizont als Kulisse

10 Landsort – der südlichste Fleck der Schären

Südlicher kann man in der Stockholmer Schärenwelt nicht kommen. Landsort auf der Insel Öja ist der letzte Außenposten, bevor es ins offene Meer hinausgeht. Nur wenige Menschen leben auf dem flachen Eiland. Es ist still und beschaulich – ein Schärenidyll wie aus einem Buch von Astrid Lindgren. Jeder kennt dort jeden, die Haustüren werden nicht abgeschlossen und die Natur mit ihrem Duft nach Sommer ist ein Labsal für die Städterseelen. Sonnenauf- und -untergang lassen sich von einem Standort aus beobachten. Wie in einem Miniaturdörfchen schmiegen sich die roten Häuschen aneinander, Boote dümpeln im Hafen und ganz am Ende der Landspitze thront weiß der Leuchtturm. In den 1670er-Jahren erbaut, ist er Schwedens ältestes noch funktionierendes Exemplar – und der hellste in den Schären.

Öja ist vier Kilometer lang und misst an der breitesten Stelle 600 Meter. Ein Wanderweg, der sechs Kilometer lange Öjaleden, führt vorbei an historischen Sehenswürdigkeiten und glatten Badefelsen. In den Klippen versteckt liegt Helveteskällan (Quelle der Hölle), ein Felsloch von 2 Metern Durchmesser und 5 Metern Tiefe. Anfang des 20. Jahrhunderts fanden Ärchaologen in der Tiefe 500 Jahre alte Münzen. Nördlich von Landsort befindet sich ein Stein-Labyrinth, das nach einem alten Muster angelegt wurde. Die Fischer glaubten, dass es ihnen Glück beim Fischfang und Schutz vor den Gefahren auf See brächte.

Sie hatten auch allen Grund, abergläubisch zu sein. In den Gewässern rund um Landsort liegen nämlich Wracks aus mehreren Jahrhunderten. Eines der ältesten ist Resande Man (reisender Mann), das im Jahr 1660 in einem heftigen Novembersturm gesunken ist. Fünf von 25 Überlebenden hatten sich eine Nacht lang an der Spitze des Mastes festgeklammert, die aus dem Wasser ragte, und wurden am nächsten Morgen gerettet.

Im Juni, Juli und August kommen viele Sommergäste nach Landsort. Dann gibt es eine Skulpturengalerie unter freiem Himmel – mit dem offenen Meer und dem Horizont als Kulisse.

TIPP

Die Fahrt dauert von Stockholm aus 2 bis 3 Stunden. Daher besser eine Übernachtung einplanen.

....

● Landsort, 149 95 Nynäshamn, www.visitlandsort.se
● ÖPNV: Zug 43 X nach Nynäshamn, Haltestelle Nynäsgård; dann Bus 852 von Sandtorp nach Ankarudden; von dort mit der Fähre nach Landsort

Trinklieder im Wohnwagen

11 Rund um den Rausch im Spritmuseum

Spritmuseum – allein der Name lässt schon schmunzeln. Und auch wenn sich bei manchen vor dem inneren Auge gleich Zapfsäulen und -hähne aufbauen – um Kraftstoff für Autos geht es nicht: Die Rede ist von Alkohol. Da das Verhältnis der Schweden zum Alkohol aufgrund der langen Tradition von Gesetzen, Beschränkungen und hohen Steuern ein ganz spezielles ist, wundert es kaum, dass es in diesem Land ein solches Museum gibt. Was verblüfft, sind die vielen Facetten des Themas, die in den Ausstellungen in zwei alten Bootshäusern thematisiert werden. So beschäftigt sich das 1967 eröffnete Museum natürlich mit der Geschichte und der Herstellung des Alkohols, den Schattenseiten sowie der Bedeutung des Alkohols im Alltag. Gewohnheiten werden beleuchtet und Vorurteile abgebaut. Man erfährt, warum die Schweden „skål" (Prost) sagen und wann mit den beliebten Kneipenrunden begonnen wurde.

Kunstwerke bestaunen kann man in dem Bereich, in dem sich alles um die Kultmarke Absolut Vodka dreht. Bis 2008 war sie im Besitz des schwedischen Staates. Rund 850 Werke bekannter Künstler, darunter der Pop-Art-Künstler Andy Warhol, schmücken die Absolut Art Collection.

Interaktive Stationen sollen alle Sinne ansprechen. An einer Duftorgel lassen sich Getränke und Ingredienzien erschnuppern, und man kann testen, ob man den Unterschied zwischen in Fässern gelagertem Whiskey und Rum erkennt. Es gibt ein Quiz zum Thema Alkohol in Film und Fernsehen. Sogar, wie es sich anfühlt, betrunken zu sein, lässt sich unterschiedlich intensiv erleben. Weil die Schweden gerne zum Schnapstrinken singen, besonders zu Mittsommer und zum Krebsessen, kann man sich in einem Wohnwagen Trinklieder anhören. Insgesamt 12.000 hat das Spritmuseum gesammelt. Dazu eine Anekdote: Weil die schwedische Eishockey-Nationalmannschaft 1957 unerwartet Weltmeister in Moskau geworden war, die Nationalhymne aber nicht geübt hatte, entschieden sich die Spieler kurzerhand, das Schnapslied *Helan går* zu singen. Das kannten alle ohne Üben.

TIPP

Im Museum gibt es ein Restaurant mit Bar und die Möglichkeit zu Verkostungen.

● Spritmuseum, Djurgårdsstrand 9, 115 21 Stockholm, Tel. +46 (8) 12 13 13 00
www.spritmuseum.se
● ÖPNV: Straßenbahn 7, Haltestelle Liljevalchs/Gröna Lund

Ein Krebs, ein Schnaps

12 Feuchtfröhliches „kräftskiva" im August

Bunte Lampions und Girlanden hängen über dem Tisch. Zum Essen binden sich die Schweden Lätzchen oder Papierservietten um den Hals und setzen ulkige Papphütchen auf. Stilecht wird das Ganze mit Tischtuch, Tellern und Servietten, die mit Schalentieren bedruckt sind. Meist stehen auch Schalen mit Wasser auf dem Tisch, mit dem man sich vor jedem Schnaps die klebrigen Finger säubern kann. Im August, wenn in Schweden das Ende des Sommers näherrückt, die Abende aber noch warm und angenehm sind, ist es Zeit für das traditionelle Krebsessen. Ein lustiges Spektakel, bei dem viel Schnaps fließt und das man sich nicht entgehen lassen sollte, wenn man zu dieser Zeit in Stockholm ist. Zahlreiche Lokale in der Stadt, der Umgebung und auf den Schäreninseln bieten dann eine „kräftskiva" (Krebsfest) an. Gegessen wird traditionell unter freiem Himmel.

TIPP

Sehr beliebt ist das Krebsessen im Restaurant Ulla Winbladh, in dem man beizeiten reservieren sollte.

Und so geht's: Zunächst trennt man den Kopf der signalroten Krustentiere ab, schlürft den Sud aus den Schalen und dreht dann die Scheren ab. Um an das köstliche Innere zu gelangen, kappt man die Spitzen der Scheren mit einem speziellen Krebsmesser und pult das Fleisch heraus. Dann kommt das leckere Fleisch im Schwanz an die Reihe, aus dem vorher gründlich der Darm entfernt wurde. „Ein Krebs, ein Schnaps, ein Lied", so lautet die Regel. Und tatsächlich stimmen die Schweden nach jedem Krebs, der verspeist ist, das Lied „Helan går" an. Übersetzt bedeutet das, dass man einen Ganzen nehmen muss, womit natürlich der Schnaps gemeint ist. Weil man vom Krebsfleisch allein kaum satt wird, stehen meist noch Brot und Käse auf dem Tisch.

Das Krebsfest hat eine lange Tradition. Als im August 1922 die Schweden über ein Alkoholverbot abstimmen sollten, gestaltete der Maler Albert Engström ein Plakat, das einen erbosten Mann darstellt, der auf ein Glas und eine Flasche Schnaps zeigt. Darunter prangten die Lettern: Krebse fordern dieses Getränk. Das Alkoholverbot wurde abgelehnt, und der Schnaps gehört seitdem selbstverständlich zu jedem Krebsessen.

● Krebsfest, z. B. im Restaurant Ulla Winbladh, Rosendalsvägen 8, 115 21 Stockholm, Tel. +46 (8) 53 48 97 01, ww.ullawinbladh.se
● ÖPNV: Straßenbahn 7, Haltestelle Nordiska museet/Vasamuseet

Auf dem Silbertablett

 13 Blick vom Monteliusvägen auf den Mälarsee

Wie ein Spiegel liegt der Riddarfjärden, die östlichste Bucht des Mälarsees, zu Füßen. Auf der gegenüberliegenden Seite erblickt man das Rathaus von Stockholm und Riddarholmen mit seiner Kirche Riddarholmskyrka, deren Turm aus durchbrochenem Gusseisen besteht. Auch Gamla Stan ist zu sehen.

Stockholm präsentiert sich vom Monteliusvägen aus wie auf dem Silbertablett. Dieser knapp 500 Meter lange Fußweg liegt auf einem steilen Felsen über dem hippen Stadtteil Södermalm, kurz Söder genannt. Die Aussicht ist so atemberaubend, dass man sich kaum sattsehen kann. Nur gut, dass es einige Bänke gibt, auf denen man verweilen, die Ruhe und den Blick genießen kann. Am allerschönsten ist es bei Sonnenauf- und Sonnenuntergang, denn dann taucht die Sonne die Stadt in ein goldgelbes Licht. Eine Aussicht, die man wunderbar auch zu zweit genießen kann.

Rein zufällig gelangt man sicher nicht zum Monteliusvägen mit seinen hübschen Häusern auf der einen und der großartigen Aussicht auf der anderen Seite. Doch die Suche und der Aufstieg lohnen sich. Besonders schnell geht das vom Platz Mariatorget über den Weg Blecktornsgränd aus. Nicht weit von Mariatorget entfernt liegt übrigens auch die Bellmansgatan. Dort, im Haus Nummer eins, wohnt in Stieg Larssons Millenniumtrilogie der Journalist Mikael Blomkvist, und dort spielen auch mehrere Schlüsselszenen des Krimis. Wenn man schon in der Nähe ist, kann man sich dieses Haus auch gleich noch ansehen.

Benannt ist der Monteliusvägen nach Professor Oscar Montelius, einem schwedischen Prähistoriker und Mitglied der Königlich Schwedischen Akademie der Wissenschaften. Er lebte von 1843 bis 1921 in Stockholm und gehörte zu den ersten Forschern, die sich systematisch mit der Datierung prähistorischer Fundstücke befassten.

Übrigens: Der Weg ist mit einem Geländer gesichert. Trotzdem sollte man bei Regen und im Winter gutes Schuhwerk tragen, denn es könnte rutschig sein.

● Monteliusvägen, 118 60 Stockholm
● ÖPNV: Pendelzug 43, Haltestelle Stockholm södra, dann Bus 55 oder 57, Haltestelle Mariatorget

Einfach mal abhängen

14

In der blühenden Oase Rosenhill in Ekerö

In einer Blumenwiese unter knorrigen Apfelbäumen sitzen, Kaffee trinken, ein Sandwich futtern und zum Abschied einen selbst gepflückten Strauß mitnehmen? Rosenhills Trädgård ist ein Gartenbaubetrieb mit Café und Restaurant, vor allem aber ist es eine Wohlfühloase mitten im Grünen. Perfekt, um sich zu entspannen und einen Sommertag oder einige Stunden an diesem „mysiga plats" zu verständeln. „Mysig" lässt sich mit behaglich oder gemütlich übersetzen, aber es schwingt auch das Wort Muße mit, süßes Nichtstun in einem kleinen Paradies weit außerhalb der Stadt. Überall in den Bäumen hängen Schaukeln und Hängematten, in denen man ein wenig träumen kann. Wer will, schlendert über das grüne Gelände oder setzt sich mitten ins Gras. Schöne Sitzplätze gibt es auf dem Hof, in der Scheune, im Gewächshaus und im Garten.

TIPP

An der Haltestelle Brommaplan über die Weiterfahrt nach Nyckelby informieren, da manchmal im Bus umgestiegen werden muss.

Rosenhill wurde 1912 gegründet und wird von Emilia und Lars geführt. Emilias Großvater pflanzte die ersten Apfelbäume. Ihre Eltern hatten eine Mosterei und lieferten Saft, Obst, Beeren und Gemüse zunächst mit dem Dampfschiff, später über den Landweg nach Stockholm. Heute ist Rosenhill ein beliebtes Ausflugsziel für die Großstädter. Sie kommen nach Ekerö, genießen die Atmosphäre und nehmen sich am Abend im Laden etwas für zu Hause mit. Neben biologisch angebautem Obst und Gemüse gibt es etwa hausgemachtes Brot und Marmeladen. An den langen Sommerabenden werden oft Partys und Musikkonzerte arrangiert und es wird getanzt. Manchmal werden Flohmärkte oder ein indischer Abend veranstaltet.

Im Restaurant und im Café werden saisonale Speisen aus dem zubereitet, was auf dem Hof und in der Umgebung gerade wächst. Es gibt warme und kalte vegetarische Gerichte und welche mit Fleisch, außerdem Suppen, Salate, Sandwiches, Pfannkuchen, Eis und Kuchen. Wer nach einem schönen Tag nicht gehen möchte, kann in einer Hütte oder in einem Baumhaus übernachten und den nächsten Tag mit einem Bad im Mälarsee und anschließendem Frühstück beginnen.

● Rosenhill Trädgård, Nyckelbyvägen 22, 178 90 Ekerö, Tel. +46 (8) 56 02 00 60
www.rosenhill.nu
● ÖPNV: U-Bahn 17, 18 (grüne Linie), Haltestelle Brommaplan, dann Bus 312,
Haltestelle Nyckelby (800 Meter zu Fuß)

Sehnsucht nach Saltkrokan

15

Schärenfahrt zum Schreinerhaus auf Norröra

„Geh an einem Sommermorgen in Stockholm zum Kai hinunter und schau nach, ob dort ein kleiner weißer Schärendampfer mit dem Namen ‚Saltkråkan I' liegt. Wenn es so ist, dann ist es der richtige Dampfer, und man braucht nur an Bord zu gehen." Die ersten beiden Sätze in Astrid Lindgrens Buch zur TV-Serie *Ferien auf Saltkrokan* darf man auch heute noch wörtlich nehmen. Vom Strömkajen aus starten Schiffe, freilich mit anderem Namen, auch nach Norröra. Auf dem Inselchen wurde vor über 50 Jahren die TV-Serie gedreht, die die Sehnsucht nach glücklichen Kindertagen und schwedischem Sommer weckt. Mehr als drei Stunden sieht man sich an der einzigartigen Schönheit des Schärengartens satt, ehe man in Norröra von Bord geht und sich auf den Weg zum Schreinerhaus macht. Henry Sjöblom hatte das Gebäude in den 1960ern an das schwedische Fernsehen vermietet. Etwas vom Rampenlicht fiel dabei auf ihn selbst, denn er steuert im Film den Dampfer. „In unserem Wohnzimmer stand im Film Tjorvens Bett, in unserer Küche spielte sie Haushälterin", erzählt Håkan, ein Enkel Sjöbloms. Für Fans hat er in einem Schuppen das vielleicht kleinste Requisitenmuseum der Welt eingerichtet mit Zeitungsartikeln über die Kinderdarsteller. Zu entdecken sind ein Filmplakat von 1964, Stinas Puppenwagen, Melkers Schreibmaschine und der Leiterwagen, in dem Seehund Moses zur „Toten Bucht" gekarrt wurde. Ein Bummel über die Insel und danach ein Picknick mit Meerblick machen den Ausflug perfekt. Wer tiefer eintauchen möchte: Sonntags im Hochsommer erweckt Schärenguide Michael Blum die Dreharbeiten unterhaltsam zum Leben. So soll, erzählt er, wenn sich Bootsmann zum Schlafen hinlegte, das alte Haus von 100 Kilogramm Hund spürbar erschüttert worden sein. Außerdem habe man den Faulpelz nur mit getrocknetem Fisch, den man Pelle und Tjorven in die Hosentaschen stopfte, zum Aufstehen bewegen können. Zur geführten Tour legt das 110 Jahre alte Dampfschiff Blidösund von Furusund ab, also von dort, wo Astrid Lindgrens Sommerhaus steht.

TIPP

Geführte Ausflüge nach „Saltkrokan" werden im Hochsommer an Sonntagen von Furusund aus angeboten.

● Norröra, www.norrora.se
● ÖPNV: U-Bahn 14, Haltestelle Danderyds sjukhus, dann Bus 676, Haltestelle Campus Roslagen, weiter mit Bus 632, Haltestelle Furusund, Boot nach Norröra Reedereien (Stockholm–Norröra): www.waxholmsbolaget.se, www.blidosundsbolaget.se

In den Sattel schwingen

16 Entspannte Radeltour auf Djurgården

Die Sonne lacht, ein lauer Wind bläst um die Nase und das Wasser des Mälaren plätschert beim Vorbeiradeln. Ja, Radfahren ist eine prima Möglichkeit, um Stockholm und seine vielen Inseln zu erkunden. Man ist an der frischen Luft unterwegs, kann anhalten, wenn die Aussicht ganz besonders schön ist, und ist im Nullkommanichts zum Beispiel vom Nordiska Museet nach Gröna Lund geradelt. Das Radwegenetz der Stadt umfasst mehr als 700 Kilometer und macht umweltfreundliches Sightseeing zum Vergnügen. Besonders entspannt ist eine Radeltour auf der Freizeitinsel Djurgården mit ihren vielen Waldgebieten, dem ehemaligen Jagdrevier des Königs.

Los geht es im Strandvägen, wo man sich bei Rent a Bike Fahrräder leihen kann. Zunächst radelt man an Stockholms Prachtstraße mit ihren herrlichen Stadthäusern und Palais auf der einen Seite und dem Wasser auf der anderen entlang. An der Djurgårdsbron hält man sich links auf dem Festland und fährt geradeaus Richtung Diplomatstaden und Nobelgatan. Ein kurzer Stopp an der Skulptur der Jagdgöttin Diana mit ihrem goldenen Bogen wird mit einem schönen Blick auf das Freilichtmuseum Skansen am gegenüberliegenden Ufer belohnt. Weiter geht es zur Villa Källhagen und an einem kleinen Parkplatz vorbei nach unten ans Wasser. Über den Prins Bertils Väg tritt man weiter in die Pedale bis zu der kleinen, mit Blumen geschmückten Brücke Lilla Sjötullsbron und gelangt von dort über den Prinsessan Ingeborgs Väg auf den Djurgårdsvägen. Über den Manila Väg und den Fredrik Bloms Väg gelangt man links in den Rosendalsväg zu Rosendals Trädgård – der ideale Platz für eine Rast.

Auf dem Rückweg kommt man an Rosendals Schloss vorbei und fährt über den Sirishovsvägen nach links zur Straßenbahnhaltestelle. Rechts oben schaut die Residenz des deutschen Botschafters hinter den Bäumen hervor. Weiter geht es vorbei an den Museen ABBA, Nordiska und Vasa. Nach der Brücke Djurgårdsbron biegt man dann wieder nach links ab und gelangt zurück auf den Strandvägen.

TIPP

Fahrradtouren mit Sightseeing bieten Stockholm Adventures und Baja Bikes an. E-Bikes vermietet stockholmebikes.se

---

● Rent a Bike, Strandvägen, Kajplats 18, 114 51 Stockholm, Tel. +46 (8) 6 60 79 59
www.rentabike.se
● ÖPNV: Straßenbahn 7, Haltestelle Styrmansgatan

Größte Seerose der Welt

17

Der Botanische Garten Bergianska Trädgård

Victoria heißt der Star im Bergianska Trädgården – und damit ist nicht die Kronprinzessin gemeint. Victoria amazonica ist der Name der größten Seerose der Welt mit einer Blattspreite von bis zu 3 Metern. Bei Einbruch der Dunkelheit entfaltet sie ihre prachtvollen Blüten. Ein Erlebnis, das Staunen macht.

Das 1900 eingeweihte Victoria-Haus wurde eigens dafür errichtet, die spektakuläre Amazonas-Riesenseerose, die im 19. Jahrhundert nach der britischen Königin Victoria benannt wurde, zur Schau zu stellen. Heute steht es aufgrund seiner Einzigartigkeit unter Denkmalschutz. Der Besucher tritt ein in eine reiche und feuchte Vegetation. Im Teich erfreuen neben Victoria auch andere, immer blühende tropische Seerosen in vielen verschiedenen Farben das Auge. Darüber erstrecken sich Äste, die mit Bromelien, Orchideen, Farnen und Kakteen bewachsen sind.

TIPP

Der Außenbereich ist frei zugänglich, der Zutritt zu den Gewächshäusern kostenpflichtig.

Im Zentrum des Gartens steht Edvard Andersons Gewächshaus, in dem sich auch ein Café und ein kleiner Laden befinden. Die Pflanzen dort zeigen die Vegetation im Mittelmeerraum und die in entfernten Winkeln der Erde. Inmitten einer mit Klippen und Terrassen gestalteten Landschaft gedeihen tropische und subtropische Pflanzen. Ebenso ist die Flora der Kapregion Südafrikas, die des australischen Südwestens sowie – in einer Landschaft aus Sandsteinfelsen – die der kalifornischen und mexikanischen Wüsten zu sehen. Im Außenbereich setzt sich die Gestaltung verschiedener Landschaftsbilder fort. Im gebirgigen Norden sprießen die typischen Pflanzen aus den Hochgebirgen Asiens, Nordamerikas und Skandinaviens. Im Süden finden sich Feuchtwiesen und sumpfige Flächen. Außerdem gibt es einen Schaugarten mit verschiedenen Obstbäumen und Beerenpflanzen, einen großen Gemüsegarten mit mehr als 300 verschiedenen Pflanzen sowie einen Kräutergarten. 9000 Pflanzenarten sind im botanischen Garten zu sehen, der sich selbst als *Museum für lebende Pflanzen* bezeichnet. Ein wunderschöner Aussichtsplatz ist die italienische Terrasse am See Brunnsviken.

● Bergianska trädgården, Gustafsborgsvägen 4, 114 18 Stockholm, Tel. +46 (8) 16 37 01, www.bergianska.se
● ÖPNV: U-Bahn 14 (rote Linie), Haltestelle Universitetet (10 Minuten zu Fuß)

Genuss zur blauen Stunde

18

Nachhaltigkeit mit Aussicht im Fotografiska

Ein lauer Sommerabend. Nach und nach kehren die Segel- und Ausflugsboote von einem sonnigen Tag im Schärengarten zurück und passieren dabei den Vergnügungspark Gröna Lund. Einer der besten Plätze, um diese einzigartige Stimmung kurz vor der Dämmerung zu genießen und die Gedanken auf Reisen zu schicken, ist das Außenrestaurant Verandan im Fotografiska. Dazu bestellt man sich einen Rhabarber-Shrub, einen Snack oder eine Holzofenpizza mit saisonalen Zutaten.

Ist das Wetter nicht ganz so gut, entschädigt neben dem Blick von der obersten Etage des ehemaligen Lagerhauses auf das Wasser und die Stadt das gastronomische Erlebnis. Das Restaurant dort ist bekannt als eines der nachhaltigsten Stockholms, wurde 2017 als bestes Museumsrestaurant vom *360°-Eat-Guide* für seine moderne Küche und von Michelin mit dem Grünen Stern ausgezeichnet. Pflanzen sind die Stars auf dem Teller und präsentieren sich in immer wieder neuen Geschmacksvariationen. Ein Klassiker sind Kartoffeln in brauner Butter, die mit geräuchertem Sauerrahm und Seehasenrogen serviert werden. Aber auch Sellerie-Pastrami, Artischocken und zum Nachtisch Schokoladencreme mit Sanddorn-Sorbet und Thymian-Fudge stehen auf der Karte.

Im Restaurant und im Bistro arbeitet man mit lokalen Landwirten und Kleinerzeugern zusammen. Bei der Zubereitung wird – ähnlich wie bei Nose to Tail beim Fleisch – auch beim Gemüse alles verwertet und nichts weggeworfen. Damit will das Fotografiska Müll vermeiden und zu einer bewussteren Lebensweise inspirieren. Zur Auswahl stehen überwiegend vegetarische Gerichte. Fleisch, Geflügel, Fisch und Meeresfrüchte sind optionale Beilagen. Die Auswahl ändert sich regelmäßig, denn das Angebot richtet sich nach dem, was gerade Saison hat.

Das Backsteingebäude selbst wurde von 1906 bis 1910 im Jugendstil erbaut, diente als Zollhaus und wurde 100 Jahre später aufwendig renoviert. Neben Bistro und Restaurant befindet sich dort, wie der Name schon verrät, ein Fotomuseum mit wechselnden Ausstellungen.

TIPP

Der 360°-Eat-Guide zeichnet die Pioniere der modernen Küche, das Erlebnis und die Nachhaltigkeit aus.

● Fotografiska Restaurangen, Stadsgårdshamnen 22, 116 45 Stockholm, Tel. +46 (8) 50 90 05 00 , www.fotografiska.com/sto/mat-dryck
● ÖPNV: U-Bahn 13, 14, 17, 18, 19, Haltestelle Slussen

Rein ins Schlaraffenland

Östermalms Saluhall mit Restaurants

Mittags ein Toast Skagen oder ein Tartelette mit Västerbottenkäse, später Latte Macchiato mit Lakritztrüffel, am Abend Königskrabben und Scampiburger – in Östermalms Markthalle lässt es sich durch den ganzen Tag schlemmen. Schwedische und skandinavische Delikatessen in Hülle und Fülle treffen dort auf internationale Köstlichkeiten. Offeriert werden Meeresfrüchte, Lachs, Elchsteaks, Bärenschinken und Smörrebröd auf dänische Art, aber auch texanisches Barbecue, französische Bress-Ente mit Trüffel und Pinsa Romana, eine italienische Focaccia. Der Esstempel lässt Genießerherzen höherschlagen, kredenzt aber auch leckere Hausmannskost wie Köttbullar (Fleischklößchen) und Janssons Frestelse (ein Kartoffel-Anchovis-Auflauf).

Mit ihren Türmchen, Säulen, hohen Fenstern, verzierten Wänden und der Galerie zählt die Östermalmshalle zu den schönsten Bauwerken des späten 19. Jahrhunderts in Stockholm. Berühmte Köche pilgern ebenso zu den Ständen wie Genießer aus der Nachbarschaft. Einige der Stammgäste bezeichnen Östermalmshallen als ihr zweites Zuhause. Man kennt sich, plaudert mit den Händlern und erhält dabei so manche Anregung, was man zum Beispiel am Wochenende Gutes kochen kann. Es gibt Verkostungen, fröhliche Gespräche und besonderen Service.

Neben den Marktständen, an denen Obst und Gemüse, Fisch und Fleisch, Käse und Süßigkeiten feilgeboten werden, gibt es in Östermalms Saluhall auch Bars, Bistros, Cafés und Restaurants. Vom Balkon des Tysta Mari im Obergeschoss hat man einen wunderbaren Ausblick auf das geschäftige Treiben unten in der Halle. Östermalms Saluhall zählt zu den schönsten Markthallen Europas und der Welt und präsentiert sich seit März 2020 nach aufwendiger Renovierung in neuem altem Glanz. So wurde unter anderem der ursprüngliche sternförmige Grundriss des Backsteingebäudes von 1888 wieder hergestellt. Und Restaurants mit eigenen Eingängen von der Nybrogatan und der Humlegårdsgatan machen Östermalmshallen nun zu einem kulinarischen Mekka nach Feierabend.

TIPP

Wer sich für die Geschichte des Genusstempels interessiert, kann sich einer Führung (auch in Englisch) anschließen.

● Östermalms Saluhall, Östermalmstorg, 114 39 Stockholm
www.oestermalmshallen.se
● ÖPNV: U-Bahn 13, 14 (rote Linie), Haltestelle Östermalmstorg

Inselchen der Liebenden

20

Im alten Dampfschiff zum Schloss Gripsholm

„Lilla Kärleksholmen" (gesprochen Schärleksholmen) heißt übersetzt „kleine Liebesinsel". Über eine Brücke im Park von Schloss Gripsholm gelangt man dorthin. Auf dem runden Eiland steht ein Bänkchen, und es ist bezaubernd, sich zu einer Rast niederzulassen und die Aussicht zu genießen. Das Wasser des Mälaren plätschert, gegenüber spitzt der weiße Turm der Kirche von Mariefred hinter den Häusern und Bäumen hervor, und im Rücken liegt die mächtige Schlossanlage, die von einem Park umgeben ist. Dort stehen auch die Apfelbäume, aus deren Früchten der Saft für die Königsfamilie gepresst wird.

Ab 1537 ließ König Gustav I. Wasa (1496–1560) Gripsholm errichten. Je nach Sonneneinstrahlung schimmern die Backsteinmauern des Schlosses mit den vier mächtigen runden Türmen in verschiedenen Rottönen und spiegeln sich im See wider. Malerisch ist die Lage, beeindruckend sind die Möbel, Tapeten und Stoffe aus den vergangenen Jahrhunderten und spektakulär die 4000 Werke zählende Porträtsammlung. Neben historischen Gemälden hängen hier Bilder und Zeichnungen verdienstvoller Persönlichkeiten der jüngeren Geschichte. Musiker und Songwriter Benny Andersson von ABBA ist ebenso zu sehen wie die Schauspielerin Greta Garbo. Zu den Sehenswürdigkeiten gehört in einem der Renaissancetürme das 1781 errichtete Schlosstheater, eines der am besten erhaltenen des 18. Jahrhunderts in Europa. Beim Streifzug durch die prunkvollen Räume und den gepflegten Park erlebt man den Glanz früherer Epochen.

Herrlich entspannt reist man an warmen Sommertagen in dreieinhalb Stunden mit dem alten Dampfschiff *Mariefred* nach Gripsholm und erlebt dabei traumhafte Ausblicke auf ein Schweden wie aus dem Bilderbuch mit Wäldern, Inselchen und kleinen Häusern. Abwechslungsreicher wird der Ausflug, wenn man den Zug von Stockholm nach Läggesta nimmt, dort die schmalspurige Museumsbahn in den idyllischen kleinen Ort Mariefred mit seinen engen Gassen besteigt, zum Schloss spaziert und für die Rückfahrt an Bord des Schiffes geht.

TIPP

Auf Schloss Gripsholm spielt Kurt Tucholskys heiter-melancholische Liebesgeschichte aus dem Jahr 1931.

● Schloss Gripsholm, 647 31 Mariefred, Tel. +46 (1 59) 1 01 94
www.kungligaslotten.se
● ÖPNV: Dampfschiff Mariefred ab Klara Mälarstrand nach Gripsholm

Knusper, knäuschen ...

Lebkuchenhausausstellung im ArkDes

Das süß-würzige Aroma von Honig, Ingwer, Anis und Zimt liegt in der Luft. Der unwiderstehliche Duft umschmeichelt die Nase und führt vom Foyer direkt hinein in das Weihnachtswunderland. Um die 150 Häuser stehen im Zentrum für Architektur und Design (ArkDes) auf Skeppsholmen in Stockholm an einem Platz: schneebedeckte Wolkenkratzer, rosa Traumschlösser und Gebäude, in die man wie bei einem Puppenhaus hinein auf einen Christbaum schauen kann. Zusammen mit Pippis Villa Kunterbunt, einem Baumhaus mit Strickleiter sowie einem fliegenden Heim mit Heißluftballon auf dem Dach bilden sie ein Dorf aus fantasievoll gestalteten Lebkuchenhäusern. Zum Anknabbern viel zu schade!

Immer in der Vorweihnachtszeit wetteifern in Stockholms ArkDes Erwachsene und Kinder, Amateure und Profis mit ihren Kreationen aus Teig und Zuckerguss im Wettbewerb um das schönste Gebilde, bei dem es sich nicht unbedingt um ein Haus handeln muss. Auch Planwagen und Registrierkassen waren schon zu sehen. 1990 wurde die Aktion zum ersten Mal veranstaltet. Einzige Bedingung: Nur essbare Zutaten sind erlaubt. Um die Vorweihnachtsbäckerei interessanter zu gestalten, wird jedes Jahr ein Motto ausgerufen. 2018 lautete es *Luxus*, 2019 hieß es *Heiß*: Vulkane brachen aus, Notre-Dame stand in Flammen, und die junge Schwedin Greta Thunberg, die gegen die Klimaerwärmung protestiert, war als Pfefferkuchenfigur neben einer Weltkugel zu sehen. 2020 ging man auf *Abstand* und 2021 entschied man sich für das Thema *Gemeinsam*. Da bog sich eine detailreich gestaltete, festliche Tafel mit weißer Tischdecke unter Köstlichkeiten wie Weihnachtsschinken und Käse. Ein Zug fuhr in Råbäcks Bahnhof ein, den Anika Sörnas auf der Grundlage historischer Skizzen gebaut hat. Ihre Begründung: „Wieder auf der Strecke! Seit dem 19. Jahrhundert bringt die Bahn uns Menschen zusammen." Dafür erhielt sie den Publikumspreis.

Die Pfefferkuchenhausausstellung (pepparkakshusutställning) ist von Ende November bis Anfang Januar für Besucher geöffnet.

....

● ArkDes, Exercisplan 4, Skeppsholmen, 111 49 Stockholm, Tel. +46 (8) 52 02 35 00
www.arkdes.se
● ÖPNV: Bus 65, Haltestelle Arkitektur-/Moderna museet;
Fähre Slussen-Skeppsholmen

Boule auf der Federinsel

22 Das Schärenparadies Fjäderholmarna

Die pulsierende Stadt hinter sich lassen? Raus ins Blaue? Schärenluft schnuppern? Nur 25 Minuten von Stockholm entfernt liegt die Inselgruppe Fjäderholmarna. Schon am Pier stößt man auf die Brauerei und Bar Fjäderholmarnas Bryggeri, die mehrfach ausgezeichnetes Craft Beer ausschenkt – vom Pilsner bis zum Indian Pale Ale. Von dort sind es nur wenige Meter bis zu Fjäderholmarnas Rökeriet, einem Restaurant mit Bar, das für seine geräucherten Garnelen und Lachse berühmt ist. Natürlich ist es herrlich, in der Sonne zu sitzen, zu planschen und sich dem süßen Nichtstun hinzugeben. Lohnend ist aber auch ein Rundgang um die Schäreninsel. Über malerische Wege gelangt man zu den Ateliers und kunsthandwerklichen Betrieben auf der gegenüberliegenden Seite des Eilands. Handgetöpferte Tassen, Schalen, Vasen, Krüge und Kerzenhalter von verschiedenen Töpfern sind bei Fjäderholmarnas Krukmakeri zu entdecken. Es gibt Textilkunst, Strickwaren, eine Glasbläserei, Waren aus Holz, eine Silberschmiede sowie Kunstgalerien. Süßschnäbel können typisch schwedische, mit Schokolade gefüllte „Polkakissen" sowie Geleefrüchte mit Moltebeeren- und Preiselbergeschmack naschen. Wendet man sich wieder nach rechts, passiert man die Klippen und gelangt zur Röda Villa, der roten Villa. Im Juli werden dort Musik- und Grillabende veranstaltet, aber auch Boule-Kugeln für Spiele auf einem der Plätze kann man mieten. Ein unterhaltsamer Zeitvertreib mit Meeresrauschen und Schären-Atmosphäre. Besonders begehrt ist der Platz in der Hängematte direkt am Wasser mit Blick auf die vorbeiziehenden Segelschiffe.

Wieder zurück an der Ablegestelle, lohnt sich ein Abstecher zu Fjäderholmarna Choklad. Dort werden von Hand Pralinen gegossen, die Aromen aus der aufregenden Geschichte der Inselgruppe enthalten. Mit dem Geschmack von Apfel und Zimt, Earl-Grey-Tee und Zitrone, Branntwein oder Whiskey zergeht die Schokolade bei der Heimreise auf der Zunge und erinnert an einen Tag in den Schären, den man bald wiederholen möchte.

● Fjäderholmarna, 100 05 Stockholm
www.fjaderholmarna.se
● ÖPNV: Strömma Kanalbolaget (www.stromma.se) ab Strandvägen in Stockholm oder Fjäderholmslinjen (www.fjaderholmslinjen.se) ab Slussen in Stockholm

Unterirdischer Regenbogen

23 U-Bahn-Kunst in der längsten Galerie der Welt

In den meisten Städten sind die U-Bahn-Stationen eher schmuddelig, und niemand verweilt dort gerne länger als nötig. In Stockholm ist das anders. Über Treppen, Rolltreppen und Aufzüge erreicht man die mit 110 Kilometern längste unterirdische Kunstgalerie der Welt. Fast alle der rund 100 Bahnsteige, die Wände und Wartehallen sind mit Werken von etwa 150 verschiedenen Künstlern geschmückt und verziert. Zum Preis eines U-Bahn-Tickets lassen sich so Skulpturen, Säulen, Mosaike, Schaukästen, Gemälde, Installationen, Inschriften und Reliefs von den 1950er-Jahren bis zum dritten Jahrtausend entdecken.

Natürlich kann man auf eigene Faust auf Entdeckungstour gehen, die kostenlose App *SL Artguide* liefert dabei zusätzliche Informationen zu den Kunstwerken. Diese ist auch in englischer Sprache verfügbar und beschreibt 21 Stationen im Stadtgebiet – von der komplexen Station T-Centralen, wo alle Linien zusammenkommen, bis hin zu den sehenswerten Gewölben von Östermalm, Södermalm und Solna. Es gibt aber auch Führungen über vier bis fünf Haltestellen, die von einem U-Bahn-Experten geleitet werden. Übrigens: Mindestens ein Prozent des Budgets für jedes Stockholmer Bauprojekt wird für Kunst im öffentlichen Raum verwendet. T-Centralen (das T steht für tunnelbana) wurde 1957 für den Verkehr freigegeben. Den Bahnsteig schmücken kobaltblaue Blätterranken und stilisierte Blumen auf weißem Grund. Die Station der Technischen Hochschule (Tekniska Högskolan) feiert wissenschaftliche Fortschritte und Entdeckungen mit Polyedern, die die fünf Elemente Platons darstellen: Feuer, Wasser, Luft, Erde und den Äther. Die Haltestelle Kungsträdgården zeigt den oberirdisch darüber liegenden „königlichen Park" und den majestätischen Palast, der einmal dort gestanden hat. Solna Centrum besticht durch eine höhlenartige, leuchtend rote Decke, und die Station Stadion ziert ein Regenbogen auf himmelblauem Grund, dessen Schönheit einige Meter unter der Erde erstrahlt.

TIPP

Ist die Zeit knapp, schaut man sich die Stationen T-Centralen, Rådhuset und Fridhemsplan der blauen Linie an.

● T-Centralen, 111 20 Stockholm (Treffpunkt für die U-Bahn-Führungen ist am SL-Center Sergels torg), www.sl.se
● ÖPNV: diverse Linien, Haltestelle T-Centralen

Ein Stück vom Sommerglück

24

Mittsommertanz mit Musik und „Fröschlein"

Der schwedische Sommer ist kurz. Im Mai nähert er sich zaghaft, um sich im Juni förmlich zu überschlagen. Die Sonne packt dann ihren Malkasten aus und überzieht die Erde mit einem dichten hellgrünen Teppich. Blaue Glockenblumen sprießen aus der Erde, gelbe Trollblumen und lila Lichtnelken recken ihre Köpfchen in die warme Luft. Wie ein Schleier legt sich der rosa Schaum der Heckenrosen über die gestern noch kahlen Zweige. Genauso wie der Juni überschlägt sich auch das Lebensgefühl der Menschen im Norden. Sommer heißt Leben, Freunde einladen, Essen und Trinken unter freiem Himmel und jeden einzelnen Sonnenstrahl auskosten. Die Sehnsucht nach dem Sommer erfüllt sich am längsten Tag des Jahres: Dann wird Mittsommer gefeiert, das schwedischste aller Feste.

TIPP

Typisches Mittsommeressen sind in Dill gekochte Frühkartoffeln, marinierter Hering und Erdbeerkuchen.

Seit 1953 ist Mittsommer am Samstag zwischen dem 20. und dem 26. Juni. Der Freitag davor heißt midsommarafton (Mittsommerabend) und der Samstag midsommardag (Mittsommertag). Midsommarafton – da führt kein Weg dran vorbei – soll möglichst auf dem Land gefeiert werden. Die Städte leeren sich, die Geschäfte schließen und die Straßen sind menschenleer. Viele Stockholmer feiern auf einer der Inseln im Schärengarten oder sie strömen zum Freilichtmuseum Skansen.

Nach alter Tradition wird am Freitag der mit Girlanden aus grünem Blattwerk und bunten Blumen geschmückte Mittsommerbaum aufgestellt. Die Fiedler spielen zum Tanz auf und alle Schweden, viele davon in Tracht und mit Blumenkränzen im Haar, wirbeln im Kreis um einen Baum herum. Ein Lied darf dabei niemals fehlen, und zwar das von den kleinen Fröschen, die weder Schwänzchen noch Öhrchen haben. Nicht nur die Kinder haben Spaß, wenn Alt und Jung zu *Sma grodorna* umherhüpfen, wackeln und quaken. Und dass unverheiratete Mädchen vor dem Schlafengehen in der Mittsommernacht sieben verschiedene Blumen pflücken und unter ihr Kopfkissen legen, damit sie nachts von ihrem Zukünftigen träumen, wissen wir ja von den Kindern aus Bullerbü.

● Freiluftmuseum Skansen, Djurgårdsslätten 49–51, 115 21 Stockholm, Tel. +46 (8) 4 42 82 00, www.skansen.se
● ÖPNV: Straßenbahn 7, Haltestelle Nordiska museet/Vasamuseet

Im Kanelbullar-Himmel

25 Spezialitäten im Café Vete-Katten

Weicher, lockerer Hefeteig, reichlich goldbrauner Zimt und obendrauf süß-knuspriger Hagelzucker – Kanelbullar sind eine beliebte schwedische Leckerei. Um sie zu kosten (und das sollte man unbedingt tun), steuert man am besten eine der traditionellen Stockholmer Konditoreien wie das Vete-Katten an. In der Weizenkatze gibt es neben den Schnecken mit Zimt (kanel) auch welche mit Kardamom und Vanille. Die Entscheidung fällt schwer, zumal in der Vitrine noch weitere Verführungen wie die von einer grünen Marzipandecke umhüllte Prinzessinnentorte und von Hand gemachte Pralinen aus feiner französischer Valrhona-Schokolade locken. Eine weitere Spezialität sind in der Faschingszeit die „Semlor", ein mit Marzipan und Schlagsahne gefülltes und mit Puderzucker bestreutes Brötchen aus Hefeteig. Am Dienstag vor Aschermittwoch, dem „fetisdagen" (fetter Dienstag), gönnt man sich in Schweden diese kalorienreiche Süßigkeit, und das Café ist proppenvoll.

Das kulinarische Angebot, das auch Suppen, Salate und Garnelensandwiches umfasst, zieht viele Stockholmer morgens zum Frühstück, mittags zum Lunch oder nachmittags zur „fika" ins Vete-Katten. Alle Schweden lieben ihre Fika-Kultur und unterbrechen auch den Arbeitstag gern, um bei einem Plausch Kaffee und Süßes zu genießen. Manchmal ist es schwierig, einen freien Platz zu ergattern, was auch an der Atmosphäre in dem Gebäude liegt. Bestimmt hat Ester Nordhammar nicht geahnt, dass ihr Lebenswerk einmal so populär werden würde. 1928 gründete die damals 42-Jährige die Konditorei, in einer Zeit also, in der nur wenige Unternehmen von Frauen geführt wurden. Im Vete-Katten wollte sie nur junge Frauen beschäftigen, und bis zu ihrem Tod 1961 überschritt kein Mann als Angestellter die Schwelle. Heute leitet Konditormeister Johan Sandelin-Järnåsen nach seiner Ausbildung in Frankreich das Vete-Katten. Für seine Backkünste wurde er vielfach national und international ausgezeichnet. Beim Pastry World Cup kreierte er ein Wikingerschiff aus Schokolade.

● Vete-Katten, Kungsgatan 55, 111 22 Stockholm, Tel. +46 (8) 20 84 05
www.vetekatten.se
● ÖPNV: U-Bahn 17, 18, 19 (grüne Linie), Bus 1, Haltestelle Hötorget oder Vasagatan

Mitten im Trubel

26 Gamla Stan – die schöne Wiege der Metropole

Es ist herrlich, durch die engen und verwinkelten Gassen der Gamla Stan zu schlendern. An den Häusern flattern blau-gelbe Schwedenfahnen im Wind. Die Melodien der Straßenmusiker begleiten beim Bummel, und an manchen Ecken zeigen Straßenmaler ihr Können. Boutiquen, Souvenirläden und kunsthandwerkliche Geschäfte locken mit ihren Auslagen. Cafés und Restaurants preisen ihr „dagens rätt" oder ihren „dagens lunch" (Tagessen) an. Überall herrscht quirliger Trubel. Trotzdem ist der Besuch ein Muss für jeden Stockholm-Besucher, denn dort steht die Wiege der Metropole.

Zudem erhebt sich in der Altstadt das Königliche Schloss, vor dem täglich der Wachwechsel stattfindet. In der Storkyrkan wurden Schwedens Königspaar sowie Kronprinzessin Victoria und Daniel Westling getraut. In der Tyska Kyrkan (Deutsche Kirche) findet ein deutschsprachiger Gottesdienst statt. Über dem Eingang steht die Aufforderung: „Fürchtet Gott! Ehret den König!"

Heute verbindet Gamla Stan den südlichen Stadtteil Södermalm mit dem nördlichen Norrmalm. Mehrere Brücken führen dorthin, deshalb spricht man auch von der „Stadt zwischen den Brücken". Eine der Hauptstraßen, die Västerlånggatan, ist von prächtigen Handelshäusern gesäumt. Dorthin führt übrigens von der Prästgatan aus die schmalste Gasse der Altstadt: Der Mårten Trotzigs Gränd mit seinen vielen Treppenstufen misst an seiner engsten Stelle gerade einmal 90 Zentimeter. In einem eher unscheinbaren Häuschen in der Baggensgatan 21 bewohnten in den 1970er-Jahren Benny Andersson und Anni-Frid Lyngstad ein luxuriöses Appartement, und in dem kleinen Gärtchen schräg gegenüber sollen die vier ABBA-Mitglieder manchmal relaxt haben. Zentrum der Altstadt ist Stortorget, der Marktplatz. Von dort entspinnt sich das Netz aus kleinen Gassen, und dort führt es sie wieder zusammen. Rote, gelbe und erdfarbene Häuser bilden die Kulisse, das Nobelmuseum hat dort seinen Platz, und Bänke laden zum gemütlichen Verweilen nach dem Streifzug oder einer Shopping-Tour ein.

● Gamla Stan, Stortorget, 103 16 Stockholm
● ÖPNV: U-Bahn 13, 14 (rote Linie), 17, 18, 19 (grüne Linie), Haltestelle Gamla Stan

Aromen aus aller Welt

27 Hermans veganes Buffet als Farbenspektakel

Wer vegane Küche liebt oder sie gern einmal ausprobieren möchte, kann sich bei Hermans durch ein ganzes Buffet schlemmen. Mittags und abends wird dort aufgetischt, was die Aromen aus aller Welt hergeben. Da locken mexikanisches Chili und Nacho-Chips, indischer Kokoseintopf, schwedischer Skagen-Toast mit Algenkaviar, Moussaka-Marrakesch, Thai-Curry mit Limettenblättern sowie hausgemachtes Brot, Hummus und Tapenade. Schon die vielen Farben machen Appetit. Zum All-you-can-eat-Buffet gibt es kostenlos Wasser, Bio-Kaffee und Tee. Wer Lust auf Süßes hat, kann sich ein Dessert dazu bestellen. Sehr begehrt ist der Kuchen aus belgischer Schokolade und Süßkartoffeln. Hermans pflegt eine multikulturelle Atmosphäre. Das Restaurant liegt auf einem Hügel in der Fjällgatan. Von dort haben die Gäste einen

TIPP
Studenten erhalten Rabatt und zahlen für die Abend- und Wochenend-Buffets deutlich weniger.

umwerfenden Blick auf Stockholms Altstadt sowie auf Skeppsholmen und Djurgården mit Gröna Lund. Besonders schön ist es im Sommer, wenn Hermans den Garten geöffnet hat und die Gäste das Buffet unter freiem Himmel genießen können. Manchmal wird auch gegrillt.

Namensgeber für Hermans ist Herman Ottosson, der Anfang der 1990er-Jahre sein erstes vegetarisches Restaurant in Stockholm eröffnete. So beliebt war seine Küche, dass er expandierte und schon bald sieben Hermans führte. Nach 14 Jahren als Gastronom wandte er sich einem neuen Projekt zu, aber Leo Mickelsson und Omer Oren, denen das Hermans seit 2008 gehört, entwickelten das Konzept weiter. Seit einigen Jahren kochen sie ausschließlich vegan und möchten damit „als bessere Alternative" auf die Zusammenhänge zwischen der Nahrung und den Auswirkungen auf die eigene Gesundheit und das Wohlergehen des Planeten hinweisen. So mancher soll bei ihnen schon zum Veganer geworden sein. Soweit möglich, werden Bio-Lebensmittel verwendet und die Abfälle recycelt. Die Arbeits- und Berufskleidung ist aus Bio-Baumwolle und Bambus. Ihre Philosophie: Give peas a chance – gib den Erbsen eine Chance. Die haben sie verdient!

● Hermans, Fjällgatan 23 B, 116 28 Stockholm, Tel. +46 (8) 6 43 94 80
www.hermans.se
● ÖPNV: U-Bahn 13, 14 (rote Linie) oder 17, 18, 19 (grüne Linie), Haltestelle Slussen

Noch einmal Kind sein

 28 Auf den Flügeln der Fantasie in Junibacken

Sagotåget heißt das Bähnchen, das die Besucher mitten in die wunderbare Welt von Astrid Lindgren bringt. Wer in den Märchenzug einsteigt, fühlt sich bald wie in einer Modelleisenbahn, die ihre Passagiere zu zauberhaften Orten bringt. Zu solchen, die unsere Fantasie seit Kindheitstagen beflügeln: zu Michels Katthulthof in Lönneberga, zu Pippis Villa Kunterbunt und auf das Dach in der Stockholmer Vasastan, auf dem Karlssons Häuschen steht. Junibacken ist ein Museum, das die Geschichten der berühmten Kinderbuchautorin lebendig werden lässt und an dem sie selbst mitgewirkt hat. Erwachsene können die Zeit dort zurückdrehen, selbst noch einmal klein sein und sich an den liebevoll, lebendig und detailreich dargestellten, puppenstubenhaften Szenen und Kulissen erfreuen.

Madita steht mit ihrem aufgespannten Regenschirm auf dem Dachfirst eines kleinen roten Häuschens, und man möchte am liebsten hineilen, um sie von ihrem Flugversuch abzubringen. An einer Stelle zieht Michel seine kleine Schwester Ida an der Fahnenstange hoch. An einer anderen findet man sich plötzlich unter Räubern in Ronjas Mattiswald.

In Junibacken mischen sich auch andere Kinderbuchfiguren unter die von Astrid Lindgren. Die Mumins etwa oder Petterson & Findus. Kinder dürfen in Pippis Villa Kunterbunt, auf dem Marktplatz der Geschichten und im Garten nach Herzenslust spielen, toben, klettern und Unfug machen. Wer zwischendurch Hunger bekommt, kann sich an Kinderklassikern wie Köttbullar (Fleischbällchen) und Pfannkuchen satt essen oder eines der vegetarischen Gerichte wählen.

Junibacken ist aber nicht nur Museum und großer Abenteuerspielplatz, sondern auch eine der größten Kindertheaterbühnen des Landes. Mehrmals täglich sind dort Vorführungen in schwedischer Sprache zu sehen. Außerdem gibt es einen umfangreich bestückten Kinderbuchladen, denn das Ziel des Museums ist es, die Lust aufs Lesen, die Kreativität und die Fantasie zu wecken. Dafür lässt es die Magie zwischen den Seiten lebendig werden.

● Junibacken, Galärvarvsvägen 8, 115 21 Stockholm, Tel. +46 (8) 58 72 30 00
www.junibacken.se
● ÖPNV: Straßenbahn 7, Haltestelle Djurgårdsbron

Paradiesische Krimi-Insel

29 Sandhamn – ein Sommertraum im Schärengarten

Ein Sommerparadies und wie gemacht für einen Tagesausflug in die Schären – das ist Sandhamn. Die Insel ist ein malerischer Ort, ein Mekka für Segler und seit einigen Jahren auch beliebter Drehort. Denn Autorin Viveca Sten, die seit ihrer Kindheit die Sommer auf Sandhamn verbringt, hat sich ausgerechnet diesen Ort für ihre Krimireihe ausgesucht. „Es ist unglaublich idyllisch hier", sagt sie, „doch dann beschleicht einen plötzlich das Gefühl, dass etwas Böses im Schatten lauert." Wirklich glauben mag man ihr das nicht, denn Sandhamn ist einer der friedlichsten Orte, die man sich vorstellen kann. Zehn Bücher umfasst ihre unter dem Titel *Mord im Mittsommer* verfilmte Reihe inzwischen. Es gibt für Fans auch einen Plan, mit dem man sich an die Spuren der Protagonisten heften kann und der ausschließlich zu beschaulichen Orten führt.

TIPP

Vom 44 Kilometer von Stockholm entfernten Stavsnäs aus dauert die Überfahrt nach Sandhamn nur 20 Minuten.

Es ist die Cinderella, die morgens um 9.30 Uhr vom herrschaftlichen Strandvägen aus nach Sandhamn in See sticht. Zwei Stunden dauert die Fahrt durch den Schärengarten. Im Hafen der Insel, die eigentlich Sandön (Sandinsel) heißt, wiegen sich zahlreiche Boote im Wind. Dahinter erhebt sich rot Sandhamns Seglarhotell. Etwas weiter rechts liegt das Värdshus (Wirtshaus), ein gelbes Gebäude, und dazwischen leuchtet eine Ansammlung von roten Holzhäuschen, darunter auch das Sommerhaus des schwedischen Schriftstellers August Strindberg. Wer sich in das Labyrinth der Gässchen begibt, stößt vermutlich irgendwann auf die Bäckerei, in der es laut Viveca Sten die besten Zimtschnecken der Welt geben soll.

Nach einem Bummel durch das Dorf mit seinen hübschen Lädchen holt man sich dann beispielsweise ein paar „Kanelbullar" und probiert aus, ob sie wirklich so gut schmecken. Danach bietet sich eine Fahrradtour – Räder kann man sich leihen – oder eine Wanderung durch den Wald zur gegenüberliegenden Seite der Insel an. Vom Seglarhotell aus erreicht man den Trouville-Strand nach etwa 30 Minuten. Dort kann man sich sonnen, schwimmen und nach Herzenslust faulenzen.

● Sandhamnsguiderna, 130 39 Sandhamn, Tel. +46 (8) 6 40 80 40
www.sandhamn.se
● ÖPNV: Boot Cinderella (Strömma) bis Sandhamn

Picknick im Abendrot

30

Skinnarviksberget, eine Stadt im Urlaubsmodus

Vor allem an schönen Sommertagen pilgern viele Einheimische zum Skinnarviksberget oberhalb von Söder Mälarstrand. Jugendliche und Liebespaare klettern hinauf zur höchsten natürlichen Erhebung Stockholms auf der Insel Södermalm, um den Sonnenuntergang über der Stadt zu erleben. Einige haben Decken für ein Picknick auf den Klippen dabei, andere genießen ein Glas Wein oder Sekt mit Freunden oder Kolleginnen. An manchen Plätzen wird Party unter freiem Himmel gemacht und laute Musik ist zu hören. Irgendwo wird gesungen, und an einem anderen Fleck ist es vollkommen friedlich und still. Da das Terrain recht weitläufig ist, gibt es immer irgendwo ein erholsames Plätzchen.

Stundenlang kann man auf dem Skinnarviksberget sitzen und die atemberaubende Aussicht auf Gamla Stan, Kungsholmen, das Stockholmer Rathaus, die Insel Långholmen und einige Kirchen bewundern. Auf dem Mälarsee tanzen vereinzelt Boote, andere liegen auf der gegenüberliegenden Insel vor Anker. Besonders schön ist es an lauen Abenden Ende Juni/Anfang Juli auf dem Berg. Dann geht die Sonne um kurz nach zehn unter und um 3.30 Uhr wieder auf. Die Tage sind lang, die Nächte hell, und die Stockholmer feiern, so hat man den Eindruck, jeden einzelnen Sonnenstrahl. Es wird getrunken, gelacht und gegessen. Auch die Stadt selbst ist im Urlaubsmodus, ein bisschen schläfrig vielleicht, und es hört sich an, als würde sie aus der Ferne leise ein Sommerlied vor sich hin summen.

Skinnar heißt übrigens Häute, vik ist die Bucht und berget der Berg. So liegt die Vermutung nahe, dass an diesem felsigen Platz 53 Meter über dem Meeresspiegel einst Leder hergestellt wurde. Hinauf gelangt man über die Gamla Lundagatan, die immer wieder an schönen, alten roten Holzhäusern vorbeiführt. Im Park etwas unterhalb des Hügels gibt es auch einen Spielplatz für Kinder – ideal für Familien – und ein Open-Air-Café, in dem man leichte Speisen und Eis in einer Hängematte genießen kann. Urlaubsfeeling findet man also für alle Generationen.

....

● Skinnarviksberget, Södermalm, 118 23 Stockholm
● ÖPNV: U-Bahn 13 (rote Linie), Haltestelle Zinkensdamm

Neapolitanische Momente

Meno Male backt Pizza wie in Bella Italia

Der Ausruf „meno male" bedeutet in Italien so viel wie „Zum Glück" oder „Gott sei Dank". Und zum Glück, das finden offenbar viele Stockholmer, gibt es „Meno Male" in ihrer Stadt, denn in dieser Pizzabäckerei schmecken „Capricciosa" und „Frutti di Mare" wie in Neapel. So beliebt ist Meno Male bei den Schweden, dass die Pizzeria gleich vier verschiedene Standorte hat: in Vasastan, Kungsholmen, Östermalm und Södermalm.

Gleich mehrere Faktoren verleihen der neapolitanischen Pizza von Meno Male ihren typischen Geschmack: Das ist zuerst der Holzofen, der von dem erfahrenen Pizzaofenbauer Stefano Ferarra aus Neapel von Hand gebaut wurde. Die Pizza wird darin bei rund 450 Grad nur etwa 90 Sekunden gebacken. Dadurch bleibt der Belag besonders aromatisch. Die Zutaten bezieht Meno Male nach eigenen Angaben direkt von den Hängen des Vesuv. Dazu gehört Fior di Latte, ein besonderer Mozzarella, der perfekt schmilzt, tolle Käsefäden zieht und die Hauptzutat der neapolitanischen Pizza darstellt. Dazu kommen Büffelmozzarella und Pomodorini, also kleine Kirschtomaten, sowie – etwa bei der Hauspizza – Parmaschinken, Rucola und Grana Padana, ein Hartkäse.

TIPP

Damit man die Aromen gut schmeckt, sollte man für den Belag nicht zu viele Zutaten wählen.

Ein weiteres Geschmacksgeheimnis ist ihr Boden, der in der Mitte weich, dünn und elastisch sein muss. So gelingt auch der Tipp der italienischen Schauspielerin Sophia Loren, die nahe Neapel aufgewachsen ist. Man muss die Pizza falten, damit nichts herunterfällt, erklärt sie im Film *Hausboot* einem kleinen Jungen. Und so geht auch beim Picknick, zum Beispiel im nahe gelegenen Park Vanadislunden, nichts daneben. Molto bene!

Meno Male verkauft viele Pizzen (auch glutenfrei) an Abholer. Im einfachen Lokal gibt es nur wenig Sitzplätze, sodass man früh kommen oder Glück haben muss. Reservierungen sind nicht möglich. Weil die Pizzabäcker und Servicemitarbeiter aus Italien stammen, ist auch die Stimmung authentisch. Wer also Lust auf italienische Lebensart mitten in Stockholm hat, kriegt sie zur Pizza obendrauf.

● Meno Male, Vasastan, Roslagsgatan 15, 113 55 Stockholm, Tel. +46 (8) 14 14 10
www.menomale.se
● ÖPNV: U-Bahn 17, 18, 19 oder Pendelzug 41, Haltestelle Odenplan, dann Bus 4, Haltestelle Roslagsgatan oder zu Fuß

Schwedens Seele spüren

Eine Zeitreise im Freilichtmuseum Skansen

Wer durch das Tor von Skansen schreitet, begibt sich auf den Weg in eine sehr lebendige Vergangenheit. Denn das Freilichtmuseum vereint nicht nur etwa 160 Häuser und Bauernhöfe vom 14. bis zum 20. Jahrhundert. Der Bäcker heizt wie früher vor dem Morgengrauen den Holzofen an und backt Knäckebrot aus Gerstenmehl. Schon bald liegt der verführerische Duft von frischen Zimtschnecken in der Luft. Schreiner, Seilmacher und Weber zeigen ihr Handwerk. Ein paar Häuser weiter hantiert ein Apotheker mit Destilliergeräten, Tinkturen, Salben, Pulvern und Pillen. Das ausgestopfte Krokodil veranschaulicht die exotischen Mittel, die einst zur Medizinproduktion verwendet wurden. Man erfährt aber auch, dass sich Menschen mit steifen Gelenken früher mit einem Öl aus Regenwürmern einschmierten. Man glaubte, die Beweglichkeit des Wurmes würde sich so auf den Menschen übertragen.

TIPP

Das Baltic Sea Science Center gibt Einblicke in die Unterwasserwelt der Ostsee.

Ein Bummel entlang der mit Bäumen gesäumten Wege ist wie ein Spaziergang durch Schwedens Seele. Die historischen Gebäude sind nach geografischen Gebieten angeordnet und eingebettet in die für die jeweilige Region typische Flora. Der Hof Delsbogården gehörte zu einem stattlichen Anwesen in Hälsingland. Hausmaler verzierten es mit aufwendigen Wandgemälden. Schön wie in einer Villa sollte es sein. Die Sami-Ansiedlung ist umgeben von einem Rentiergehege und zeigt das Leben der indigenen Bevölkerung im hohen Norden. Es gibt ein Postamt, eine Schule, und in der Holzkirche lassen sich heute viele Paare trauen. Das Hazelius-Haus wiederum, das entstand, als Napoleon I. Kaiser von Frankreich wurde, ist ein Beispiel für den damals modernen Empire-Stil. Skansen-Gründer Artur Hazelius wurde dort 1833 geboren.

Eine Bergbahn bringt die Besucher vom Haupteingang auf den Berg Skansen. Zum Museum gehört zudem ein Zoo mit heimischen Tieren, alten Landrassen und Streichelgehegen. Übrigens: Mittsommer wird in Skansen ganz groß gefeiert. Ebenso beliebt sind die Sing- und Tanzveranstaltungen in der warmen Jahreszeit.

● Freiluftmuseum Skansen, Djurgårdsslätten 49–51, 115 21 Stockholm, Tel. +46 (8) 4 42 82 00, www.skansen.se
● ÖPNV: Straßenbahn 7, Haltestelle Nordiska museet/Vasamuseet

Julbock und Bärenwurst

33 Weihnachtsmarkt im Hofstall des Königs

Vom runden Knäckebrot knuspern, Tomatenmarmelade probieren, Bonbons naschen, ein Stückchen Bärenwurst kosten – in der Adventszeit können sich die Besucher durch Schwedens Weihnachtsdelikatessen schlemmen. Beim feinen Markt im Hofstall des Königs gibt es Lachsforellen aus Skåne, Marmeladen und Chutneys aus Öland, Karamellbonbons aus Mariannelund in Småland, Whiskeysenf aus Östergötland, Weihnachtsknäcke aus Härjedalen sowie Bären- und Elchwurst aus Hälsingland und so einiges mehr. Ausgewählte Produzenten haben sich vom Süden und Norden Schwedens aufgemacht, um ihre regionalen Spezialitäten in die Hauptstadt zu bringen. Die Stände sind sehr gut besucht, denn die Stockholmer kaufen gerne den ein oder anderen Leckerbissen, um ihr Julbord (das Weihnachtsbuffet) damit zu bereichern. Einige Meter weiter, in der eleganten Reithalle, die mit roten Teppichen ausgelegt ist, haben die Kunsthandwerker aus dem ganzen Land Einzug gehalten. Kristina Sundberg zeigt ihre Weihnachtsziegenböcke (Julbock) aus goldgelbem Stroh, die sie bereits in dritter Generation herstellt. Wichtel (Jultomte) mit roten Filzzipfelmützen und langen Bärten aus Märchenwolle von Elisabet Lennbom verzaubern die Besucher. Beide, Julbock und Jultomte, bringen in Schweden die Geschenke. Außerdem gibt es beispielsweise Laternen, Kleidung, Porzellan und Schmuck. Um die Kunstwerker des Landes kennenzulernen, soll die königliche Familie dem Markt jedes Jahr einen Besuch abstatten. Apropos königliche Familie: Wer den detailreich gestalteten Hofstall von 1894 mit seinem imposanten Ambiente, den runden Türmen und Säulen besucht, kann auch einen Blick auf die edlen Pferde in ihren Boxen und den Fuhrpark des Königs werfen. Pferdegeschirre, noble Limousinen und prachtvoll glänzende Kutschen aus dem 19. Jahrhundert, die bei zeremoniellen Anlässen wie Staatsbesuchen genutzt werden, sind ausgestellt. Zu sehen ist unter anderem die Paradekutsche von König Karl XV. aus dem Jahr 1859, die von vier Pferden gezogen wurde.

● Konungens Hovstall (Königlicher Hofstall), Väpnargatan 1, 114 51 Stockholm, Tel. +46 (8) 4 02 61 05, www.kungligaslotten.se
● ÖPNV: Straßenbahn 7 oder Bus 69, Haltestelle Nybroplan

Schwedens Titanic

34 Das Museum der 1628 gesunkenen Vasa

Was für ein Schiff! Das größte, teuerste, prächtigste und mächtigste, das jemals in Schweden gebaut worden war. 69 Meter lang ist die Vasa. Vom Kiel bis zur Spitze der Flaggenstange misst sie stolze 52,50 Meter. Geschmückt ist der ganze Stolz von König Gustav II. Adolf mit rund 500 bemalten und vergoldeten Skulpturen. Dralle Engel mit roten Backen, kurvenreiche Meerjungfrauen, Krieger, Spielleute, Helden und Götter sind zu sehen. 64 Kanonen auf zwei Decks und der zum Sprung bereite, zähnefletschende Löwe am Galion sollen die Gegner vor Angst erzittern lassen.

Und tatsächlich verbreitet der Bau des Kriegsschiffes Furcht und Schrecken unter den Feinden Schwedens. Drei Jahre lang hat die schwedische Nation auf die Jungfernfahrt des Flaggschiffs der königlichen Flotte hingefiebert. Voller Stolz und Bewunderung versammeln sich die Stockholmer am 10. August 1628 am Hafen, um das Absegeln ihres Prachtschiffes zu verfolgen – und werden Augenzeugen einer Katastrophe. Die Vasa kentert, sinkt nach kaum einer Seemeile noch im Hafen und reißt dabei etwa 50 Menschen mit in den Tod.

TIPP

Der Blick vom obersten Balkon aus auf die Vasa ist am eindrucksvollsten.

Die Geschichte hätte damit zu Ende sein können, doch das Abenteuer der „Titanic des Nordens" geht 300 Jahre später weiter. Anders Franzén entdeckt die Vasa fast unversehrt auf dem Meeresboden wieder, die Bergung glückt. 333 Jahre nach ihrem Untergang, am Morgen des 24. April 1961, durchbricht die Vasa den Wasserspiegel und erblickt wieder das Tageslicht.

Später wird um das Schiff herum ein Museum gebaut, und heute zählt die Vasa zu den spektakulärsten Sehenswürdigkeiten der Welt. Sie besteht zu über 95 Prozent aus Originalteilen. In der Haupthalle des Museums bringt das Schiff in seiner ganzen Größe vom Kiel bis zum Ende des Achterkastells von verschiedenen Ebenen aus zum Staunen. Ein Modell zeigt die einstige Farbenpracht des Kriegsschiffes. Daneben sind verschiedene archäologische Funde und diverse Ausstellungen, etwa über die Bergung des Schiffes und das Leben an Bord, zu sehen.

● Vasamuseum, Galärvarvsvägen 14, 115 21 Stockholm, Tel. +46 (8) 51 95 48 80
www.vasamuseet.se
● ÖPNV: Straßenbahn 7, Haltestelle Nordiska museet/Vasamuseet

Oase im Jugendstilpalais

35

Das Centralbad – Wohltat für Körper und Seele

Bambusstäbe massieren den Rücken, wohlriechendes Kokosöl schmeichelt der Nase und fördert die Entspannung. Die Medical Yoga Massage soll das körperliche und emotionale Energieniveau ausgleichen, und für alle, die viel am Computer sitzen, ist die 85 Minuten während ayurvedische Ganzkörpermassage eine Wohltat. Doch auch nach einer langen Partynacht oder der anstrengenden Anreise ist ein Tag im traditionsreichen Badetempel Centralbadet Labsal für Körper, Geist und Seele. Das Wellnesscenter im Jugendstilpalais bietet neben Bad und Saunen auch vitalisierende Hautpflege- und Massagebehandlungen. Und warum nicht die klassische, typisch schwedische Massage in dem Land ausprobieren, in dem sie erfunden wurde?

1904 wurde das Centralbad errichtet, der Architekt Wilhelm Klemming verwirklichte sich damit seinen Traum von einem offenen Fenster zur Natur. Herzstück ist das kürzlich renovierte Jugendstil-Bad mit großem, halbrundem Sprossenfenster, vielen Säulen, einer Galerie sowie zahlreichen Liegestühlen und Entspannungsoasen am Beckenrand. 1000 Jahre nordische Saunakultur wird in vier Saunen, einem Dampfbad sowie unterschiedlichen Spa-Pools lebendig. Die Gäste haben die Wahl zwischen Nordischer Sauna, Infrarotsauna, Salz- und Wüstensauna sowie der Kräuter- und Kristallsauna. Auch ein Fitnessstudio und ein Barber-Shop sind integriert.

Die gesunden Mahlzeiten des Restaurants Ecobaren kann man in den Frühlings- und Sommermonaten auch inmitten der üppig grünen Oase im Freien genießen. Zusätzlich ist die Sonnenterrasse für Badegäste geöffnet. Ist es draußen dunkel und kalt, hellt die Lichttherapie im Restaurant sowie auf einer kleinen Sonnenterrasse die Stimmung spürbar auf. Das Centralbad bietet auf 3500 Quadratmetern Schönheit, Tradition und Entspannung. Es befindet sich in einem ruhigen Garten unweit der belebten Einkaufsstraße Drottninggatan. Die Eintrittspreise beinhalten den Zugang zur römischen Bade- und Saunaabteilung, zum Fitnessraum sowie zur Yoga- und Meditationshalle.

TIPP

Für den Zutritt gilt ein Mindestalter von 18 Jahren. In Begleitung Erwachsener sind es 16 Jahre.

● Centralbadet, Drottninggatan 88, 111 36 Stockholm, Tel. +46 (8) 54 52 13 00
www.centralbadet.se
● ÖPNV: U-Bahn 17, 18, 19 (grüne Linie), Haltestelle Hötorget

Zauberhaftes Fleckchen

36 Unter Obstbäumen in Rosendals Trädgård

Ein Plätzchen auf der Wiese unter den Obstbäumen, einen köstlichen Kaffee auf dem Tisch und dazu etwas Hummus mit frisch gebackenem Fladenbrot? Das hört sich nach Entspannung an – und das ist es auch. In Rosendals Trädgård kann man einfach nur dasitzen und sich am Leben freuen. Dafür ist die grüne Oase wie geschaffen. Und sollte man am nächsten Tag Termine haben, kann man die für den Moment getrost mal beiseiteschieben.

Rosendals Trädgård ist eine Gärtnerei, die den Besuchern den biologischen Gartenbau näherbringen möchte. Daher hat man entschieden, sich den schönen Platz mit anderen zu teilen. So ist ein Café entstanden, in dem man überall von Pflanzen umgeben ist. Sitzplätze gibt es im Obstgarten, auf der großen Außenterrasse und in den Gewächshäusern, in denen man an langen Tafeln oder kleinen Tischchen Platz nehmen kann. Bei kühlen Temperaturen sind die Gewächshäuser beheizt. Aus dem Holzbackofen der Bäckerei kommen köstliche Brote, Sauerteig- ebenso wie Pita-Brot und weitere Backwaren, die auf rustikalen Holztischen präsentiert werden. Üppige Blumensträuße aus dem Garten schmücken das Buffet. Dazwischen stehen Kuchen und Kanelbullar, aber auch herzhafte Snacks und Salate, vorwiegend mit Obst und Gemüse aus dem Garten. Mittags werden auf der Lunchkarte Vegetarisches und Fleischgerichte angeboten.

In Rosendals Trädgård können Besucher durch den Garten bummeln und auf der Wiese picknicken. Oder aber man legt sich einfach, wie viele Stockholmer es tun, auf eine Decke und blinzelt in den schwedischen Himmel. Kinder lieben den Spielplatz. Im Hofladen kann man neben Obst, Gemüse, Blumen und Brot auch hübsche Mitbringsel einkaufen, die sich von den sonst im Handel üblichen Souvenirs unterscheiden. Manchmal spielt Live-Musik, und verschiedene Feste wie Erntedank werden gefeiert. Wunderschön ist der Weihnachtsmarkt, der die Besucher mit einem geschmückten Baum und stimmungsvollem Licht willkommen heißt.

TIPP

In Rosendals Trädgård kann man nicht mit Bargeld, sondern nur mit Karte bezahlen.

● Rosendals Trädgård, Rosendalsvägen 38, 115 21 Stockholm, Tel. +46 (8) 54 58 12 70
www.rosendalstradgard.se
● ÖPNV: Straßenbahn 7, Haltestelle Djurgårdsskolan; Bus 69,
Haltestelle Museiparken

Über rotgoldenen Dächern

37 Picknick mit Aussicht im Park Vanadislunden

Eine Decke, ein Getränk und einen Snack – mehr braucht es nicht. Den Rest liefert der Platz auf dem Hügel im Park Vanadislunden gratis dazu. Am allerschönsten ist es dort am Abend, denn dann taucht die untergehende Sonne die darunter liegende Stadt in ihr rotgoldenes Licht. Weil man etwa auf der Höhe der Dächer sitzt, ist der Ausblick grandios. Kein Wunder also, dass am Spätnachmittag regelmäßig Stockholmer, darunter viele Studenten, zu dem Park in Vasastan pilgern, im Gepäck Sekt und Pizza, und sich auf einen tollen Abend mit Freunden freuen.

Vanadislunden liegt auf einem Teil des Brunkebergsåsen und ist einer von Stockholms charakteristischen Bergparks. Er liegt in Vasastan, einem Stadtteil im Zentrum der Stadt, und ist Teil des Bezirkes Norrmalm. Der Park ist mit mehr als acht Hektar einer der größten der Metropole und zeichnet sich durch seine hohen Bäume und hügeligen Rasenflächen aus. Das macht ihn für erholsame Spaziergänge, aber auch für Picknicks und als Treffpunkt außerordentlich beliebt. An seinem höchsten Punkt befindet sich ein schlossähnliches Gebäude. Dabei handelt es sich um ein riesiges Wasserreservoir, das 8100 Kubikmeter Wasser enthält. Die meisten Gehwege und Treppen im Park wurden in den vergangenen Jahren renoviert.

Im Park Vanadislunden gibt es mehrere Spielplätze mit Klettergerüsten, Schaukeln, Spielbrücken und Sandkästen für Kinder. Im südlichen Teil unterhalb der Stephanskirche können sich die Besucher in einem Outdoor-Fitnessgelände auspowern, und im Sommer ist das Vanadisbadet geöffnet. Das 1938 erbaute Bad war das erste beheizte Freibad der Hauptstadt. Vor einigen Jahren wurde es aufwendig renoviert und verfügt heute über ein 25-Meter-Becken, ein Kinderbecken und ein kleineres Planschbecken. Sehenswert ist das Kunstwerk *Mädchen in der Abendsonne* von 1955 im nordwestlichen Teil des Parkes. Ob der Bildhauer Anders Jönsson schon damals geahnt hat, dass auch über 60 Jahre später viele junge Menschen im Park die Abendsonne genießen werden?

TIPP
Pizza zum Mitnehmen bekommt man ganz in der Nähe bei Meno Male in der Roslagsgatan 15.

● Vanadislunden, Ingemarsgatan 8, 113 54 Stockholm
● ÖPNV: U-Bahn 17, 18, 19 (grüne Linie) oder Pendelzug 40, 43,
Haltestelle Odenplan (1 Kilometer zu Fuß)

Der Tempel des Wissens

38 Stadsbibliotek im Stil des Swedish Grace

Als Astrid Lindgren 1926 nach Stockholm zog, war sie schwanger, arm und einsam. Um sich abzulenken und bei Laune zu bleiben, lieh sich die 19-Jährige Bücher aus der Stadtbibliothek am Sveavägen. Dieses Gebäude ist ein Juwel. Die Bibliothek wurde vom großen US-amerikanischen Reisemagazin Condé Nast Traveler als eine der schönsten der Welt gelistet. Geschaffen vom Architekten Gunnar Asplund, der auch den dazugehörigen Park mit Teichen, Bächen und Wasserfällen gestaltete, ist sie ein Beispiel für den Stil des Swedish Grace. Diese Kunstrichtung aus den 1920er-Jahren zeichnet sich durch eine kühle, einfache, aber zugleich elegante Formensprache aus.

Das rotbraune Bauwerk selbst besteht aus einer rund 24 Meter hohen Rotunde, die von vier niedrigeren rechteckigen Gebäudeteilen umgeben ist. Eine breite Treppe mit flachen Stufen führt hinauf zum Tempel des Wissens. Die den Eingang umgebenden Portale erinnern an die altägyptische Architektur, die hohe dunkle Eingangshalle ziert ein Stuckrelief mit Motiven aus Homers *Ilias* aus der Zeit um 700 vor Christus. Betritt man das runde zentrale Gebäude, vermittelt die grauweiße Decke mit ihrem schweren Stuck in Verbindung mit dem hell hereinscheinenden Licht ein Gefühl von Wolken und Himmel. Beeindruckend sind die Galerien mit ihren runden, raumhohen Bücherregalen. Bilder, Wandteppiche und Deckengemälde schmücken die einzelnen Räume. Ein Kleinod ist das ebenfalls runde Märchenzimmer mit Rundbogenbänken und dem Fresko *John Blund* von Nils Dardel.

Als Astrid Lindgren die Bibliothek zum ersten Mal betrat, durfte sie keine Bücher leihen, weil sie keinen Ausweis hatte. „Hätte ich bloß Bücher, dann würde ich es ohne Menschen schaffen", verrät sie später ihre Gedanken. „Aber hier stand dieser starrsinnige blonde junge Mann und erzählte mir, dass ich keine Bücher mitnehmen durfte, sodass ich zu weinen anfing. Und ich war ja auch nicht nur ausgehungert in Bezug auf Bücher, sondern irgendwie auch ausgehungert, was Essen betrifft ..."

TIPP

Die Stockholmer Stadsbibliotek ist öffentlich und für jeden zugänglich.

● Stadsbiblioteket, Sveavägen 73, 113 80 Stockholm, Tel. +46 (8) 50 83 09 00
www.biblioteket.stockholm.se
● ÖPNV: U-Bahn 17, 18, 19, Haltestelle Odenplan, dann Bus 2, 4, 50,
Haltestelle Stadsbiblioteket

Kunst und Kostbarkeiten

39

Das designverliebte Nationalmuseum

Einer imposanten Schatzkammer gleich liegt das Nationalmuseum am Kai auf der Halbinsel Blasieholmen in Stockholm. Gefüllt ist es mit Kunstschätzen, die nur darauf warten, entdeckt zu werden. Diejenigen, die sich darauf einlassen, erwartet ein Erlebnis jenseits des Gewöhnlichen.

Das Nationalmuseum ist Schwedens Kunst- und Designmuseum. Besucher können sich auf eine Zeitreise durch sechs Jahrhunderte europäischer Kunst begeben. Gemälde, Skulpturen, Zeichnungen, grafische Blätter, fotografische Porträts, Kunsthandwerk und Design vom 16. Jahrhundert bis heute werden präsentiert. Man bewegt sich entlang einer imaginären Zeitachse, die durch das Museumsgebäude führt. Zusätzlich beleuchten wechselnde Ausstellungen individuelle Kunst, Epochen, Konzepte und Stile.

TIPP

Ein Glas Wein in der Kunstpause? Das gibt es in der Bar mit dem gläsernen Kronleuchter.

2018 wurde das Museum nach einer gründlichen und gleichzeitig behutsamen Renovierung wiedereröffnet. Das Gebäude aus der Mitte des 19. Jahrhunderts ist dabei ein Erlebnis für sich, und zwar von der Farbgebung der Wände über den kontemplativen Skulpturenhof bis hin zum spektakulären Aufzugsturm, der vom Architekturbüro Wingårdhs entworfen wurde.

Die Liebe zum Detail wird im sehenswerten Restaurant deutlich, wo wirklich alles, angefangen vom Besteck über den gedeckten Tisch bis zu den Möbeln, das Ergebnis eines ehrgeizigen Designkonzepts ist. Sorgfalt ist auch das Markenzeichen von Gastronom Fredrik Eriksson, der klassische schwedische Küche mit modernem Touch und französischen sowie italienischen Einflüssen kredenzt. Für ihn spricht, dass er gastronomischer Berater für das jährliche Nobelbankett im Rathaus ist. Das Nationalmuseum liegt zentral in Stockholm gegenüber dem Königspalast. Die Umgebung mit dem erst kürzlich renovierten Museumspark, dem Blick auf die Altstadt und das Schloss, der Nähe zum Wasser mit Kai und Booten sowie dem grünen Skeppsholmen bildet eine malerische Kulisse. Ein Besuch im Nationalmuseum wird so zum ganzheitlichen Erlebnis und nährt alle Sinne.

● Nationalmuseum, Södra Blasieholmshamnen 2, 111 48 Stockholm, Tel. +46 (8) 51 95 43 00, www.nationalmuseum.se
● ÖPNV: Bus 65, Haltestelle Nationalmuseum; Fähre ab Slussen oder Djurgården nach Skeppsholmen

Geheimnisvolle Geschenke

40

Dreimal Glück auf dem Weihnachtsmarkt Skansen

„Wie? Ihr tanzt in Deutschland nicht um den Weihnachtsbaum herum?" Arvid Bredal-Hansen kann es kaum fassen. „Das macht doch solchen Spaß!", sagt er, noch immer ungläubig. Als Mitglied der Volkstanzgruppe Skansen animiert er mit einigen Kollegen im Freilichtmuseum Skansen die Besucher zum Mitmachen. Die meisten lassen sich nicht lange bitten, denn es ist wirklich lustig. Unbedingt ausprobieren! Eine weitere schöne Tradition auf dem Weihnachtsmarkt in Skansen: Seit 1903 werden an einem der Stände „hemliga julklappar" (geheimnisvolle Geschenke) verkauft. Hübsch in Papier verpackte Geschenke, deren Inhalt nicht verraten wird und mit denen man andere, aber auch sich selbst überraschen kann. Es gibt welche für Frauen, für Männer und für Kinder. Das dritte Event, das man bei einem Besuch auf keinen Fall verpassen sollte, ist das Konzert in der 1730 erbauten Holzkirche. Ein schwedischer Chor trägt dort in anheimelnder Atmosphäre sehr stimmungsvoll Weihnachtslieder vor. Ein rührender Auftritt mit glasklaren Stimmen, der die Seele wärmt.

Aber auch abgesehen von diesen drei Glücksmomenten ist der Besuch des Weihnachtsmarktes in Skansen, dem ältesten in Schweden, ein herrlicher Ausflug in der Adventszeit. Die Häuser des Freilichtmuseums sind stimmungsvoll beleuchtet und geschmückt. Handwerker, etwa Krugmacher, Buchbinder und eine Knäckebrotbäckerin, zeigen ihr Können. An einem der Stände gibt es kunstvoll gebastelte Weihnachtswichtel mit langen flauschigen Bärten, in einem der Häuser Tischdecken, Hüttenschuhe und allerlei Weihnachtsdeko aus Naturmaterialien. Draußen wird nach einem Geheimrezept eingelegter Weihnachtshering aus Klädesholmen an der Westküste feilgeboten. Ein paar Meter weiter sind Craftbeerbrauer am Werk. Wer zwischendurch Hunger bekommt, sollte unbedingt die „Suovas" probieren, mit Kartoffelpüree, geräuchertem Elchfleisch, Sauerrahm und Preiselbeeren gefüllte Fladenbrottüten. Die gehen immer weg wie die sprichwörtlichen warmen Semmeln.

● Freilichtmuseum Skansen, Djurgårdsslätten 49–51, 115 21 Stockholm, Tel. +46 (8) 4 42 82 00, www.skansen.se
● ÖPNV: Straßenbahn 7, Haltestelle Nordiska museet/Vasamuseet

Unter dem Himmelsdach

41 — Millesgården, der Skulpturenpark auf Lidingö

Der Gott Poseidon ist gerade dem Meer entstiegen, und König Gustav I. Wasa sitzt auf einem gewaltigen Thron. Eine Gruppe von Männern und Frauen schart sich um Orpheus, der mit seinem Gesang Götter, Menschen, Steine und das stürmische Meer bezaubern kann. Figuren aus der griechischen Mythologie und der schwedischen Geschichte sind im Millesgården vereint. Manche der Skulpturen hat der berühmte schwedische Bildhauer Carl Milles kunstvoll in ein Wasserbecken gesetzt. Andere – und das ist das Typische an seinen Kunstwerken – stehen hoch auf einem Sockel oder einer Säule, ragen in den Himmel oder scheinen gleichsam zu schweben. Ein Spaziergang durch den terrassenförmig angelegten Park ist wunderbar erholsam und entspannend. Er ist auf einer Anhöhe auf der Insel Lidingö mit einem grandiosen Ausblick auf Stockholm, die Schären und die Meerenge Värtan, die das Festland von der Insel trennt, angelegt. Die Kunstwerke in den Brunnen, auf den Terrassen, Treppen und Säulen sind beim Bummel ein ständiger Quell der Inspiration. Und wer genau hinschaut, wird in der Skulptur von Orpheus die Gesichtszüge Beethovens entdecken, den der Bildhauer verehrte.

Milles (1875–1955) war ein berühmter schwedischer Bildhauer und lebte mit seiner Frau Olga, ebenfalls Künstlerin, bis 1931 auf Lidingö. Nach ihm ist das Kunstmuseum mit Skulpturenpark benannt. Heute besteht Millesgården aus mehreren Teilen. Das Haus mit den Ateliers und Kunstsammlungen, darunter eine der schönsten Antiquitätensammlungen Schwedens, ist das Herzstück der Einrichtung. Gleichzeitig ist es der Ort, an dem Carl und Olga Milles in den 1910er- und 1920er-Jahren lebten. Der große Skulpturenpark ist eine Mischung aus Kunstwerken, Brunnen und blühendem Garten. Die Art Gallery zeigt zeitgenössische Kunst und beherbergt den Museumsshop. Sehenswert ist außerdem Anne's House, das von dem Architekten Joseph Frank gestaltet und von der schwedischen Designerin Estrid Ericson eingerichtet wurde. Es gibt auch ein Restaurant mit Café.

TIPP

Das Original der Orfeus-Gruppe von Carl Milles kann man vor dem Konzerthaus in Stockholm sehen.

● Millesgården, Herserudsvägen 32, 181 50 Lidingö, Tel. +46 (8) 4 46 75 90
www.millesgarden.se
● ÖPNV: U-Bahn 13, Haltestelle Ropsten, dann Bus 221, Haltestelle Torvikstorg; ab Stjärnvägen Bus 238, Haltestelle Millesgården

Im Mekka des Designs

42 Svenskt Tenn: Eleganz trifft Funktionalismus

Wer schwedisches Design und schöne Inneneinrichtung liebt, wird Svenskt Tenn lieben. Das, was übersetzt „Schwedischer Zinn" heißt, ist eines der bekanntesten und wichtigsten schwedischen Designunternehmen und seit 1928 königlicher Hoflieferant. Die sorgfältig gearbeiteten Möbel, die ideenreichen Lampen, die farbenfrohen Tapeten und Textilien, Gläser, Porzellan und der kostbare Schmuck sind geschmackvoll und zeitlos. Mit Svenskt Tenn ist es ein wenig so wie in *Frühstück bei Tiffany*, in dem Audrey Hepburn für das sündhaft teure Juweliergeschäft schwärmt. Die stilvollen Stücke sind exklusiv und einzigartig, aber leider kostspielig. Trotzdem wäre es schön, etwas sein eigen nennen zu dürfen. Bei Svenskt Tenn geht das. Wer durch die Räume streift und sich an den schönen Stücken erfreut, findet auch Souvenirs und Geschenke zu günstigeren Preisen, die in den Koffer passen und den Besitzer immer wieder an die Reise nach Stockholm erinnern. Und sei es der hübsche Eierwärmer mit dem beliebten Muster *Elephant*.

1924 gründete die schwedische Textilkünstlerin und Kunstlehrerin Estrid Ericson Svenskt Tenn. Zehn Jahre später holte sie den österreichischen Architekten und Designer Josef Frank in das Unternehmen, nachdem er mit seiner schwedischen Frau Anna von Wien nach Stockholm gezogen war. Bei Svenskt Tenn traf damit Wiener Eleganz auf schwedischen Funktionalismus. Gemeinsam schuf das Duo den eleganten und mutig gemusterten persönlichen Einrichtungsstil, der das Sortiment bis heute prägt. Neben den typischen farbenfrohen Entwürfen findet man viele weitere von jüngeren Designern. So hat Prinz Carl Philip 2009 für Svenskt Tenn eine Silberbesteck-Kollektion entworfen.

Seit 1975 ist Svenskt Tenn im Besitz der Kjell und Märta Beijer Stiftung – ungewöhnlich für ein Unternehmen dieser Branche. Der erwirtschaftete Überschuss wird für die Forschung, etwa für die ökologische Nachhaltigkeitsforschung am Beijer-Institut der Königlich Schwedischen Akademie der Wissenschaften, verwendet.

TIPP

Im ersten Stock gibt es eine Teestube, in der man verweilen sowie essen und trinken kann.

● Svenskt Tenn, Strandvägen 5, 114 51 Stockholm, Tel. +46 (8) 6 70 16 00
www.svenskttenn.com
● ÖPNV: Straßenbahn 7, Haltestelle Nybroplan

Die Mär von den Rotbärten

43

Vikingaliv – vom echten Leben der Wikinger

Ja, die Wikinger hatten Hörner. Aber wohl nur, um daraus Met zu trinken. Einen historischen Beleg dafür, dass sie Hörnerhelme trugen, gibt es indes nicht, auch wenn die Helme natürlich weder in *Wicki und die starken Männer* noch in irgendeinem anderen Wikingerfilm fehlen dürfen. Dies und vieles mehr über Leben, Kultur und Geschichte des Volkes aus dem hohen Norden erfahren die Besucher in Vikingaliv. Das Wikingermuseum liegt am Djurgårdsstrand in Stockholm zwischen Vasamuseum und Gröna Lund.

Gleich am Eingang liefern sich zwei Männer in Helmen und Kettenhemden einen Schaukampf mit Schwertern. Abwechselnd gehen sie auf den Holzdielen zu Boden. Im Hintergrund ist eine Behausung aufgebaut, aus der ein kleiner Wikingerjunge herausschaut. In den Regalen stehen Fässer, Schalen, Vorratsbehälter und Trinkgefäße aus Holz, Würste hängen an der Decke und ein Fell liegt über einem der Balken. Auf Holztischen wird gezeigt, woraus die Ernährung der Wikinger bestand: In Siedlungen in der Nähe des Meeres kam täglich Fisch auf den Tisch. Walrosse, Robben und Wale wurden ebenso gejagt wie Wildschweine, Hirsche und Rehe. Bei einem Festmahl wurden Schweinefleisch mit Kohl, Blutwürste mit Fleisch und Äpfeln, Schinken mit Honigglasur, Ziegenkäse und geräucherter Käse verspeist. Dazu wurde auch das bessere Keramikgeschirr, Löffel und Messer hervorgeholt. Sonst aßen die Wikinger mit den Fingern. Wer möchte, kann selbst einen Helm aufsetzen oder ausprobieren, wie schwer ein echtes Schwert in der Hand liegt und wie es sich auf einem Wikingerthron sitzt.

Vorbei an einem Wikingerschiff geht es weiter zu Ragnfrids Saga. Die anschauliche Reise, die man in einem Wagen auf Schienen unternimmt, führt zurück in das Jahr 963. Sie beginnt am Frösala Gård, dem Heim von Ragnfrid und ihrem Mann Harald. Die Wikingerfrau erzählt aus ihrem Alltag und von der Rolle der Frauen und Kinder. Später lernt man das harte Leben auf See kennen und ist bei den Plünderungen und beim Sklavenhandel live dabei.

TIPP

Ragnfrids Saga wird in verschiedenen Sprachen, auch in Deutsch, angeboten.

● Vikingaliv, Djurgardsstrand 15, 115 21 Stockholm, Tel. +46 (8) 40 02 29 90
www.thevikingmuseum.com
● ÖPNV: Straßenbahn 7, Haltestelle Liljevalchs/Gröna Lund

Königin des Mälersees

44 ## Stadshuset und Turm mit Panoramablick

Eine der markantesten Silhouetten Stockholms ist der 106 Meter hohe Turm des Stadshuset. An der Spitze ragt mit den drei Kronen das schwedische Landeswappen in den blauen Himmel. Drinnen steigt man auf engen Treppen die 365 Stufen hinauf, was zugegebenermaßen anstrengend ist, sich aber lohnt. Denn oben angelangt liegen dem Betrachter die Innenstadt und eine fantastische Aussicht zu Füßen. Von der offenen Plattform blickt man auf Gamla Stan, Norrmalm, Kungsholmen und den Mälarsee. Der Innenstadt kommt man von keinem anderen Aussichtsplatz so nah. Bei schönem Wetter lassen sich von dort tolle Fotos machen, die zeigen, warum die Stadt den Namen „Venedig des Nordens" verdient.

TIPP

Das Rathaus ist nur im Rahmen von Führungen zugänglich, der Turm von Mai bis September geöffnet.

Wer schon einmal im Stadshuset ist, kann sich auch gleich einer Führung durch das eindrucksvolle Gebäude anschließen und Nobelpreisatmosphäre atmen. Denn immer am 10. Dezember jedes Jahres, dem Todestag von Alfred Nobel, sonnt sich das Gebäude beim Nobelbankett in der Aufmerksamkeit der Weltöffentlichkeit. Nach dem Abendessen in Blå Hallen, der blauen Halle, tanzen Preisträger, Königsfamilie und Gäste im Gyllene Salen, dem Goldenen Saal. Die Halle ist übrigens gar nicht blau, sie sollte nur blau werden. Doch der Architekt entschied sich um und beschloss, den schönen roten Backstein beizubehalten. Der Name ist trotzdem geblieben. Der Goldene Saal hingegen macht seinem Namen alle Ehre. In diesem byzantinisch inspirierten Saal funkeln und strahlen über 18 Millionen goldene Mosaikfliesen. Eine prächtige Darstellung der „Königin des Mälersees", als Allegorie der Stadt Stockholm, nimmt die gesamte nördliche Wand ein. Sie thront neben Figuren und Gebäuden aus aller Welt.

Eine Besonderheit ist das hölzerne Rathaustor aus schwarzer Eiche. Es stammt von einem im 17. Jahrhundert nahe Stockholm gesunkenen Segelkriegsschiff. Eine andere Kuriosität sind gedeckte Tische, die in den Kupfertürmen hoch- und heruntergefahren werden können – eine moderne Version von *Tischlein, Deck Dich.*

● Stadshuset, Hantverkargatan 1, 112 21 Stockholm, Tel. +46 (8) 50 82 90 58
https://stadshuset.stockholm
● ÖPNV: U-Bahn 13, Haltestelle Slussen, dann Bus 3, Haltestelle Stadshuset; diverse Linien, Haltestelle T-Centralen (12 Minuten zu Fuß)

Kribbeln im Bauch

45 Kettenkarussell im Freizeitpark Gröna Lund

Hui, geht das ab! In wildem Flug und in schwindelerregender Höhe wirbeln die Passagiere über Stadt und Meer. Die rasante Fahrt im 120 Meter hohen Kettenkarussell Eclipse im Freizeitpark Gröna Lund ist ein Adrenalinkick mit jeder Menge Kribbeln im Bauch. Wer es schafft, sich dabei umzusehen, wird mit einem fantastischen Panoramablick auf die Stadt und die Ostsee mit ihrem Schärengarten belohnt. Aber klar, schwindelfrei und nicht von Höhenangst geplagt sollte man dazu schon sein.

Der Kettenflieger in Gröna Lund galt lange Zeit als der höchste der Welt. Das ist er heute nicht mehr, trotzdem gehört er durch seine Lage direkt am Meer zu den aufregendsten. Auch andere Fahrgeschäfte bieten reichlich Nervenkitzel, zum Beispiel Fritt Fall mit freiem Fall von einem 80 Meter hohen Turm oder Katapulten, wo man, ebenfalls an einem Turm, abwechselnd hoch und runter geschleudert wird. Absolut nichts für schwache Nerven ist die 36 Meter hohe Achterbahn Insane mit ihren frei drehenden und seitlich der Schiene verlaufenden Sitzen und jeder Menge Action. Und wer sich mal so richtig gruseln möchte, sollte die moderne Geisterbahn House of Nightmare nicht links liegen lassen.

Die Stockholmer sagen Tivoli zu ihrem Vergnügungspark oder kurz Grönan. Er befindet sich auf der Insel Djurgården, nicht weit weg vom ABBA-Museum und der Fähre nach Slussen. Eröffnet wurde er bereits im Jahr 1883. Die Hauptattraktion war damals ein von Pferden angetriebenes Karussell. Heute ist der Freizeitpark mit 25 Fahrgeschäften für Groß und Klein und allem, was man in solch einer Anlage erwartet, freilich spektakulärer. Doch es ist nicht nur der besondere Kick, der Grönan bei den Stockholmern so beliebt macht. Dort finden auch Theatervorstellungen, Tanzparties und mit rund 50 Konzerten das längste Sommerfestival mit nationalen und internationalen Stars statt. Auch Weltstars wie Louis Armstrong, Bryan Adams und die Beatles waren bereits auf den Bühnen in Gröna Lund zu Gast.

TIPP

Für alle, die sich nicht ins Eclipse trauen, gibt es auch ein Kettenkarussell mit 12 Metern Höhe.

● Gröna Lund, Lilla Allmänna Gränd 9, 115 21 Stockholm, Tel. +46 (10) 7 08 91 00
www.gronalund.com
● ÖPNV: Straßenbahn 7, Haltestelle Skansen; Djurgårdenfähre von Slussen/Altstadt

Füße in den Sand stecken

46 Spielen, Baden und Sonnen im Rålambshovspark

Von den Stockholmern wird der Park am Riddarfjärden einfach Rålis genannt. Reizvoll sind nicht nur die offenen, ausgedehnten Rasenflächen, auf denen man wunderbar grillen, picknicken, sonnenbaden oder sich einfach treiben lassen kann. Rålambshovsparken ist außerdem ein riesengroßer Spielplatz. Man spielt Fußball, Hockey und Tischtennis, Boule und auf einem Sandplatz Beachvolleyball. Es gibt ein Outdoor-Fitnessstudio mit sechs verschiedenen Geräten sowie Basketballkörbe und einen Skateboardpark unter der Brücke Lilla Västerbron. Die Kleineren haben Spaß auf dem Kinderspielplatz und im Sommer im Planschbecken.

Etwas weiter entfernt, direkt am Riddarfjärden, liegt das süße Strandbad Smedsuddsbadet, eines der beliebtesten Innenstadtbäder mit Sandstrand. An heißen Tagen erfrischt ein kühles Bad im Mälarsee.

TIPP

Von Västerbroplan führt eine Treppe hinunter zum Rålambshovsparken.

Wer sich sonnen möchte, findet Liegestühle auf der Wiese. Es gibt einen Holzsteg, von dem eine Leiter ins Wasser führt, Bänke, Imbisswagen und Umkleidemöglichkeiten, Dusche und Toiletten. Ein Strandtag mitten in der Stadt, etwa nach einer ausgiebigen Sightseeing- oder Shopping-Tour – das hat gewiss nicht jede Stadt zu bieten.

Wem der Sinn nicht nach Baden, sondern nach Kultur steht, kann einen Abstecher zum Amphitheater machen. Mit etwas Glück gibt dort das Parktheater gerade eine Vorstellung. Man sitzt auf Stufen rund um die Bühne, und auch wenn man vielleicht nicht so viel von dem versteht, was gesprochen wird, macht es doch großen Spaß. Das Amphitheater wurde zum 700. Jahrestag Stockholms 1953 erbaut, und im Sommer nutzt das Parktheater es gern als Freiluftspielstätte. Außerdem gibt es dann ein Open-Air-Kino, und manchmal finden Konzerte statt.

Rålambshovsparken liegt auf Kungsholmen und erstreckt sich von Lilla Västerbron in Richtung Riddarfjärden. Vom Stadshuset aus kann man übrigens sehr schön über Norr Mälarstrand direkt am Wasser zum Rålambshovspark spazieren. Vom schönen Uferweg aus blickt man auf Långholmen, Södermalm, Riddarholmen und Gamla stan.

....

● Rålambshovsparken, Stockholm
● ÖPNV: U-Bahn 10, 11 (blaue Linie), Haltestelle Fridhemsplan,
dann Bus 54, 56, Haltestelle Västerbroplan

Zarte Flügel, viele Zähne

47 Schmetterlingshaus und Aquarium Haga Ocean

Vom Admiral bis zum Zitronenfalter flattern Hunderte von Schmetterlingen umher. Manchmal lassen sie sich auf den sattgrünen Blättern der tropischen Pflanzen nieder oder saugen den Saft aus einer Ananas oder Orange. Die hübschen und farbenprächtigen Geschöpfe tragen bekannte Namen wie Tagpfauenauge, Schwalbenschwanz, Kleiner Fuchs oder Gemeiner Bläuling. Aber auch das Landkärtchen, der Schachbrettfalter oder der Atlasspinner, dessen Flügelspitzen aussehen wie Schlangenköpfe, sind zu sehen. Letzterer beeindruckt als einer der größten Nachtfalter der Welt mit einer Flügelweite von 24 Zentimetern. Bemerkenswert ist, dass er nur als Raupe frisst und sich später als Schmetterling überhaupt nicht mehr ernährt. Wer sich für die zarten Geschöpfe interessiert, erfährt viel Interessantes im Fjärilshuset, dem Schmetterlingshaus im Stockholmer Hagapark. Wer Glück hat, ist beim Balztanz der Schmetterlinge dabei oder sieht, wie sich aus einer unscheinbaren Raupe ein schöner Schmetterling entpuppt und zum allerersten Mal seine Flügel ausbreitet. Da Schmetterlinge sehr zerbrechliche Wesen sind, sollte man sie keinesfalls berühren. Das Schmetterlingshaus erstreckt sich auf mehr als 3000 Quadratmetern. Die Luftfeuchtigkeit ist – wie in den Tropen – recht hoch und bietet ideale Lebensbedingungen für die Insekten. Neben Schmetterlingen leben auch Wachteln, Süßwasserfische und Frösche inmitten der vielen tropischen Pflanzen. Kommt man im Fjärilshuset den Tieren der Lüfte nah, so sind es im benachbarten Aquarium Haga Ocean die des Meeres. In einem 30 Meter langen Aquarium mit 1,2 Millionen Litern Wasser schwimmen große und kleine Riffhaie zusammen mit bunten Rifffischen. Angrenzend an das große Aquarium kann man in mehreren kleineren Meerwasseraquarien unterschiedliche Fische, Seesterne, Seeigel und Korallen bestaunen. Die niedlichen Clownfische sind vor allem bei den Kindern sehr beliebt.

TIPP

Im Fjärilshuset gibt es ein Café, das Haga Trädgårdscafé, das auch kleine Speisen anbietet.

● Fjärilshuset i Hagaparken, 169 70 Solna, Tel. +46 (8) 7 30 39 81
www.fjarilshuset.se
● ÖPNV: U-Bahn 17, 18, 19, Haltestelle Odenplan, dann Bus 515, Haltestelle Haga Norra

Englischer Garten am See

48

Hagapark mit Echotempel und Kupferzelten

Im Hagapark liegt Haga Slott, das Schloss von Kronprinzessin Victoria, ihrem Mann Prinz Daniel und den Kindern Estelle und Oscar. Manchmal kann man beim Bummel durch den Park einen Blick auf die königliche Familie erhaschen, denn es ist schon vorgekommen, dass Besuchern beim Lustwandeln durch den Park das schwedische Kronprinzenpaar begegnet ist. Das Schloss selbst ist jedoch von einem hohen schmiedeeisernen Zaun umgeben.

Der Park, kurz Haga genannt, ist eine grüne und hügelige Oase mit viel Rasen und Wald. Im Sommer strömen Hunderte von Joggern in den landschaftlich reizvollen Park. Andere liegen im Gras, lauschen dem Plätschern des nahe gelegenen Sees Brunsviken, träumen vor sich hin oder sehen den Ruderern zu. Der Park liegt nördlich von Stockholm im Vorort Solna. Er ist vermutlich Schwedens bedeutendster englischer Garten und wurde Ende des 18. Jahrhunderts von dem Monarchen Gustav III. ersonnen. Der hatte große Visionen, von denen viele nicht über das Reißbrett hinauskamen, aber einige wurden doch in die Realität umgesetzt.

Der Echotempel (ekotemplet) zum Beispiel entstand 1790 als sommerlicher Speisesaal für Gustav III., der es liebte, im Freien zu speisen. Seinen Namen erhielt er, weil unter dem mit einem Deckengemälde verzierten gewölbten Dach ein Echo zu hören ist. Probieren Sie es doch einmal aus! Als „koppartälten" (Kupferzelte) wird eine aus drei Gebäuden bestehende Anlage bezeichnet, die Militärzelten des römisches Heeres nachempfunden ist. Heute befinden sich Cafés, Restaurants und das Parkmuseum in den „Zelten". In der Mitte des Raumes etwa steht ein großes und sehr detailliertes Holzmodell des von Gustav III. geplanten, aber nie fertiggestellten Lustschlosses Großes Haga-Schloss (Stora Haga slott). Der Eintritt ist frei. Im Pavillon des einstigen Königs wurde 1949 ein Museum für gustavianische Innenarchitektur eröffnet. Dazu kommen im Park der chinesische Pavillon mit Drachenköpfen, der türkische Kiosk (ein Lusthäuschen) und die Finnenhütten.

TIPP

Wer zu Fuß gehen möchte, erreicht den Park vom Sergels torg in der City über den Sveavägen Richtung Norden.

● Hagapark, 169 70 Solna, www.kungligaslotten.se
● ÖPNV: U-Bahn 17 (grüne Linie) oder Straßenbahn 43, Haltestelle Odenplan, dann Bus 515, Haltestelle Haga Norra oder Haga Södra

Königsweg für Quizfans

49 Unterhaltsame Tour um Schloss Ulriksdal

Warum heißt das Theater im Schloss Ulriksdal Confidencen? Wieso wurden im Teich Karauschen gezüchtet? Welcher Architekt hat die Orangerie gestaltet? Und: Wie hieß das Prachtgebäude, ehe es 1683 in Ulriksdals Schloss umbenannt wurde? Zu einem kurzweiligen Vergnügen wird der Streifzug durch Ulriksdals Park mit den Quizfragen in der App kungliga promenader (königliche Spaziergänge). Die ist ein Heidenspaß für Ratefüchse und, weil es leichte und schwere Fragen gibt, auch etwas für Familien mit Kindern. Man ist draußen in der Natur und lernt ganz nebenbei eines der neun offiziellen Königsschlösser auf sehr unterhaltsame Art kennen, denn in der App werden einzelne Gebäude und Orte im Park genauer vorgestellt.

Da ist zum Beispiel Schwedens erstes Rokokotheater Confidencen (frz. Vertrauen). Als Adolf Fredrik und Lovisa Ulrika 1751 gekrönt wurden, heuerten sie eine französische Theatertruppe an, um das Niveau der schwedischen Künstler zu heben. Die alte Reithalle wurde rasch in ein Theater mit Bühnenmaschinerie und reichen Verzierungen umgewandelt. Im Confidencen gibt es unter anderem einen Saal mit einer sehr ausgeklügelten Konstruktion: Damit die königliche Familie in Ruhe essen und sich ungestört unterhalten konnte, ohne dass Diener lauschten, wurde der Esstisch im Keller gedeckt und anschließend nach oben gefahren. So konnte man im Vertrauen miteinander sprechen, ohne ungewollt Interna preiszugeben.

TIPP

Das Quiz über Ulriksdal kann kostenlos in englischer und schwedischer Sprache im App-Store heruntergeladen werden.

Ein anderer Halt ist der Karpfenteich, eine der ersten Anlagen im Park aus dem 17. Jahrhundert. Bronzefarbene Fischlein schwammen damals im Wasser und steckten manchmal ihre Köpfe heraus. Welch praktischen Zweck der Teich erfüllte, sei hier nicht verraten, das erfahren die Nutzer der App ... Weiter geht es über die Palastallee zum Schlosstor und schließlich zum Schloss Ulriksdal selbst. Wer Lust auf eine weitere Entdeckung hat, kann zum Abschluss noch den Marieberg erklimmen und den Park von oben betrachten. Aber wer gab dem Hügel eigentlich seinen Namen?

● Ulriksdals Slott, Slottsallén, 170 79 Solna, Tel. +46 (8) 4 02 61 00
www.kungligaslotten.se
● ÖPNV: U-Bahn 14 (rote Linie), Haltestelle Bergshamra, dann Bus 503,
Haltestelle Ulriksdals Värdshus

Malerischer Uferweg

50 Bummel an der Bucht Djurgårdsbrunnsviken

Früher war die Insel Djurgården ausschließlich den Königen und Adeligen vorbehalten. Die Monarchen picknickten dort mit ihren Damen und feierten die langen Tage und lauen Abende des schwedischen Sommers, frönten aber auch ihrer Jagdleidenschaft. Daher rührt der Name der Insel, der übersetzt Tierpark bedeutet. Heute darf sich zum Glück jeder in der grünen Oase mitten in der Großstadt tummeln. Das Naherholungsgebiet mit großen Rasenflächen und Wäldern, das von Kanälen durchzogen wird, ist Teil des Königlichen Nationalstadtparks. Ein gemächlicher Spaziergang entlang der malerischen Bucht Djurgårdsbrunnsviken bis zu Rosendals Schloss ist herrlich.

Der Pfad am Ufer, das Plätschern des Wassers und die Aussicht auf die vorbeiziehenden Boote allein lohnen schon den Weg. Unterwegs sorgen interessante Gebäude, Skulpturen, Statuen und immer wieder schöne Ausblicke für Abwechslung. Los geht es an der Djurgårdsbron. Eine solche Brücke, allerdings aus Holz und etwas weiter östlich, gab es schon im 18. Jahrhundert. Als 1745 König Fredrik I. mit seiner Kutsche und Gefolge auf die andere Seite überwechseln wollte, brach sie jedoch und versank teilweise in den Fluten.

TIPP

Detailliertere Beschreibungen sind in der Kungliga slottens app nachzulesen.

Nach der Brücke wendet man sich nach links und gelangt erst zur Statue von Gunnar Wennerberg, der Duette über das Studentenleben in Uppsala schrieb. Einige Meter weiter ist ein Abbild der Opernsängerin Jenny Lind zu sehen, die als „schwedische Nachtigall" berühmt wurde. Bald kommt Skanka Gruvan in Sicht, ein Gebäude mit Bergwerk im Keller, das anlässlich der Stockholmer Ausstellung 1897 errichtet wurde und damals ein Publikumsmagnet war. Heute beherbergt es das Café und Restaurant Flickornas Helin. Ein hübscher Aussichtspunkt ist Kärleksudden mit der Skulptur Kvinnan i fredsarbetet, Frauen in der Friedensarbeit. Weiter geht es vorbei an der hübschen Villa Sirishov, die der einstige Besitzer Ende des 18. Jahrhunderts nach seinem Lieblingshund Siri benannt hat, bis zu Rosendals Schloss.

....

● Djurgårdsbron, Stockholm
www.kungligaslotten.se
● ÖPNV: Straßenbahn 7, Haltestelle Djurgårdsbron

Wie von Zauberhand erbaut

51 Schloss Rosendal in Djurgården

In den höchsten Tönen lobte der schwedische Autor Jacob Philip Tollstorp im 19. Jahrhundert Schloss Rosendal. Als „wie von Zauberhand geschaffen" beschrieb er den Park, den König Karl XIV. Johan höchstpersönlich entworfen hatte. Die Flaneure, die heute auf den königlichen Pfaden wandeln, bezaubert er auch fast 300 Jahre später genauso. Neben einer riesigen Granitvase von vier Metern Durchmesser aus dem 350 Kilometer entfernten Älvdalen wurden entlang der kunstvoll angelegten Wege mehrere Skulpturen aufgestellt. Der Lieblingsarchitekt des Königs, Fredrik Blom, baute beeindruckende Stallungen und entwarf ein Gebäude in Form eines kleinen griechischen Tempels mit Säulen, in dem Speisen und Getränke kühl gelagert werden konnten. Die Eisblöcke dafür wurden im Winter mit Pferdeschlitten aus dem Djurgårdsbrunnsviken geholt.

TIPP

In den Sommermonaten werden Führungen durch das Schloss angeboten.

Das Schloss selbst mit 17 Räumen auf zwei Etagen wurde von 1823 bis 1827 errichtet und ist möglicherweise das einzige Schloss in Fertigbauweise. Blom ließ es aus Holz vorfertigen und später mit Stein verkleiden. Die Veranda über zwei Etagen kam ebenso wie der Speisesaal, der wie ein Zelt gestaltet ist, später hinzu. Der zweistöckige Pavillon für die Königin war schon vor dem Hauptgebäude errichtet worden. Königin Desideria, eine Französin, war vor ihrer Heirat mit General Napoleon Bonaparte verlobt. Sie soll das kühle Klima und die steifen Formalitäten des Hoflebens im Palast nicht gemocht haben, und so könnte es sein, dass Karl XIV. Johan sie mit dem prächtigen Vergnügungsschloss aufheitern wollte. Die Familie nutzte es in den Sommermonaten jedenfalls fleißig. An schönen Tagen fuhr man mit Pferd und Kutsche nach Djurgården, um im Park spazieren zu gehen oder Empfänge in der Sommerfrische zu geben.

Heute sind die kostbaren Möbel typische Beispiele für den Empirestil, der in Schweden auch Karl-Johan-Stil genannt wird. Das Interieur ist ebenso wie Karl XIV. Johans Buchsammlung original erhalten. Wunderschön ist der Rote Salon mit rot plissierter Seide an den Wänden.

● Rosendals Slott, Rosendalsvägen 49, Stockholm, Tel. +46 (8) 4 02 61 00
www.kungligaslotten.se
● ÖPNV: Straßenbahn 7, Haltestelle Waldemarsudde (950 Meter zu Fuß)

Traditionen kennenlernen

52 Das Nordiska Museet – rundum ein Erlebnis

Woher kommt eigentlich der Brauch, einen Mittsommerbaum aufzustellen? Warum essen die Schweden zur Faschingszeit mit Sahne und Marzipan gefüllte Hefebrötchen? Welche Weihnachtsvorbereitungen gab es früher? Wie die Menschen in den nordischen Ländern seit dem 16. Jahrhundert lebten, aßen, sich kleideten und ihre Traditionen zelebrierten, erzählt das Nordiska Museet in Stockholm. Tischdekorationen vom Kaffeekränzchen bis zum Festbankett sind zu sehen. Auf einem der Tische thront ein ausgestopfter Schwan, auf anderen sind Fisch, Kuchen und Obst angerichtet. Sofort entstehen Bilder von munteren Gelagen und formellen, festlichen Tafelrunden. Wer alltägliches Leben in Schweden schnuppern und der Geschichte des Landes näherkommen möchte, ist mit einem Besuch im Nordiska Museet bestens beraten.

TIPP

Besucher können das Museum auf eigene Faust oder mit einem Audioguide erkunden, den es auch auf Deutsch gibt.

Schon das palastähnliche Renaissance-Gebäude ist eine Sehenswürdigkeit für sich. Herzstück ist eine 24 Meter hohe und 126 Meter lange Halle. In ihrer Mitte thront König Gustav I. Wasa (1496–1560). Die Statue aus Eichenholz wurde nach Entwürfen des Bildhauers Carl Milles geschnitzt. Die Sammlungen im Museum bestehen aus über 1,5 Millionen Objekten: Kronleuchter, Kleidung, Tagebücher, Fotografien, Bücher, Zeitschriften, Tapeten, Schaukelpferde und ganze historische Umgebungen sind zu sehen, unter anderem eine Wohnung aus den 1940er-Jahren. Ein Originalmanuskript des schwedischen Schriftstellers August Strindberg ist ebenso verwahrt wie das aufwendig gestickte Gnadengesuch einer im 19. Jahrhundert auf der Insel Marstrand wegen Mordverdachts eingesperrten Frau. Die Vielfalt der Exponate ist enorm. Dazu kommen spannende wechselnde Ausstellungen. So kann man beispielsweise durch einen Eisberg wandern und das Leben in der Arktis erkunden oder in der Sammlung *Nordic Paris* Couture bewundern. Kinder unternehmen gerne kleine Zeitreisen im Spielhaus.

Darüber hinaus gibt es im Museum ein Restaurant mit schwedischen Klassikern sowie einen Shop mit nordischem Kunsthandwerk, Spielzeug und Büchern.

....

● Nordiska Museet, Djurgårdsvägen 6–16, 115 21 Stockholm, Tel. +46 (8) 51 95 46 00
www.nordiskamuseet.se
● ÖPNV: Straßenbahn 7, Haltestelle Nordiska museet/Vasamuseet

Lust auf Fleischbällchen

53 Die „Köttbulleria": Meatballs for the people

Was fällt jedem zuallererst ein, wenn von Klassikern der schwedischen Hausmannskost die Rede ist? Natürlich „köttbullar" (gesprochen Schöttbüllar), die Fleischbällchen, die traditionell mit cremiger Soße, Kartoffelbrei, sauren Gurken und Preiselbeeren serviert werden. Im Kult-Restaurant „Meatballs for the people", das sich selbst als „Schwedens erste und einzige Köttbulleria" bezeichnet, dreht sich alles um die köstlichen kleinen Klößchen. Und die gibt es hier nicht nur aus Schweine- und Rindfleisch, sondern in allen erdenklichen Variationen. Man bekommt Bällchen aus Bären-, Rentier-, Elch-, Wildschwein-, Lamm-, Hähnchen- und Putenfleisch ebenso wie aus Lachs, Hecht und Garnelen. Auch Kreationen aus Rind mit Sardellen und Blauschimmelkäse, Hirsch mit Pflaume, Lamm mit Auberginenkaviar oder Schwein mit Kreuzkümmel, Sauerkraut und süßem Senf stehen schon einmal auf der Karte. Wer sich da nicht entscheiden kann, stellt sich sein Essen einfach aus verschiedenen „bullar" zusammen. Größtenteils wird mit Bio-Zutaten gearbeitet und trotz des Namens Fleischbällchen gibt es auch Klößchen für Vegetarier.

Meatballs for the people ist ein kleines, gemütliches und einfach, aber geschmackvoll eingerichtetes Lokal in einem Backsteingebäude am Rande von SoFo in Södermalm. SoFo bedeutet „South of Folkungsgatan", angelehnt an SoHo in New York. Auf einer Tafel vor der Eingangstür zur „Köttbullaria" steht mit Kreide die Aufforderung „Keep calm and eat meatballs". Drinnen sitzt man an Holztischen oder an der Bar. Einheimische und Touristen aus aller Welt überlegen, ob sie lieber die klassische Variante oder eine der Spezialitäten wählen sollen und ob als Beilage wohl Püree oder ein Pilzrisotto besser schmeckt. 11.000 Köttbullar kommen an einem ganz normalen Tag aus der Küche direkt auf den Tisch der Gäste oder werden abgeholt. Die Intention war und ist, wirklich gute, handgemachte und mit Liebe zubereitete Köttbullar anzubieten. Und das schmeckt man.

● Meatballs for the people, Nytorgsgatan 30, 116 40 Stockholm, Tel. +46 (8) 4 66 60 99, www.meatball.se
● ÖPNV: U-Bahn 18 (grüne Linie), Haltestelle Medborgarplatsen, dann Bus 66, Haltestelle Nytorgsgatan

Liebesbar mit Liegestuhl

54

Bockholmen Havs & Restaurang mit Meerblick

Allein die Lage ist ein Traum. Bockholmen Havs & Restaurang liegt, wie der Name schon sagt, auf dem kleinen Eiland Bockholmen in den inneren Schären direkt an der Ostsee. Unten am Wasser befindet sich Kärleksbaren, die „Liebesbar". Dort wird bei schönem Wetter gegrillt, und die Besucher lassen sich auf der Holzterrasse Köstlichkeiten wie Rinderbrust, Spanferkel und Thunfisch sowie Focaccia, Gemüse und Salate schmecken, während die Sonne über dem glitzernden Wasser untergeht. Wer möchte, kann sich mit einem guten Glas Wein, einem kühlen Bier oder einem erfrischenden Cocktail in einem der bequemen Liegestühle niederlassen und den schwedischen Sommer in vollen Zügen genießen. Die Atmosphäre ist entspannt, es wird viel gelacht. Ist es zu frisch, um im Freien zu sitzen, bietet die gläserne Orangerie gleich

TIPP

Sehr beliebt ist das Julbord mit weihnachtlichen Delikatessen in der Adventszeit.

nebenan eine windgeschützte Alternative, ebenfalls mit Blick aufs Meer. Im Garten stehen zusätzlich einige Pavillons, und es gibt ein paar Boule-Bahnen für vergnügliche Spielpartien.

Etwas erhöht liegt das Restaurant mit Terrasse. Eine hübsche hellgelbe Villa mit Balkon, Veranda und weißen verschnörkelten Geländern aus der Zeit um 1900. Gegessen wird draußen oder drinnen im Speisesaal. Es gibt auch noch zwei kleinere Räume im Obergeschoss, das Atelier und das Oscars, mit herrlicher Aussicht auf die Bucht in Richtung Lidingö. Während der Hochsaison wird täglich Mittag- und Abendessen serviert. Schwedische und Mittelmeer-Küche inspirieren sich gegenseitig. So stehen traditionelle Gerichte wie Köttbullar und Toast Skagen ebenso auf der Speisekarte wie Bockholmens Bouillabaisse, Fisch mit Hummersauce, Boeuf Bourguignon sowie Vegetarisches wie Portabello mit Artischocken und Zitronen-Aioli.

Bockholmen Havs & Restaurang liegt etwa 15 Minuten von der Stockholmer Innenstadt entfernt. Trotzdem fühlt man sich, als wäre man weit draußen in den Schären. Erreichbar ist das Restaurant mit dem Boottaxi und der U-Bahn. Von Bergshamra kommend führt eine kleine Brücke nach Bockholmen.

● Bockholmen Havs & Restaurang, Bockholmsvägen 1, 170 78 Solna,
Tel. +46 (8) 6 24 22 00, www.bockholmen.com
● ÖPNV: U-Bahn 14 (rote Linie), Haltestelle Bergshamra

Waffeln und Milchshakes

55

Älskade Traditioner im Stil der 1950er-Jahre

„Love ist all you need – and some waffles!" So steht es auf einer Tafel im Café Älskade Traditioner in Stockholm geschrieben. Ganz klar, dass sich hier fast alles um Waffeln dreht. Es gibt herzhafte und süße, runde, in Herzform gebackene und zusammengeklappte, belegte und gefüllte Kreationen. Schmecken lassen können sich die Gäste die Waffeln in einem fröhlichen 1950er-Jahre-Ambiente mit Jukebox, Milchshakes und Elvisbildern.

Älskade Traditioner gehört Susanna Comstedt. Ihre Großmutter Elsa führte in den 1950er-Jahren ein beliebtes Café im Süden Stockholms. Davon ließ sich die Enkelin inspirieren und eröffnete ihrer Oma zu Ehren nun ihr eigenes Café. Eines, das die Besucher auf eine kleine Zeitreise schickt, sollte es werden. Und so packte Susanna Möbel und Geschirr ihrer Großeltern zusammen und richtete ein nostalgisches Café in der Södermannagatan am Greta Garbos Torg ein.

Um das Jahr 1900 kam es in Schweden in Mode, Waffeln zu essen, und entlang der Spazierwege öffneten Waffelläden. Weil Susannas Angebot auch ein nostalgisches werden sollte, entschied sie sich dafür, diese Tradition wiederzubeleben, aber aufgepeppt mit einem modernen Twist. In Frankreich werden Crêpes und Galettes sowohl süß als auch salzig angeboten. Warum nicht auch Waffeln? Sie experimentierte mit verschiedenen Rezepten und erlebte ihren Heureka-Moment mit der Idee, die Waffeln wie Wraps zu falten. Der Name Wraffle wurde geboren.

Heute werden im Älskade Traditioner, was „Geliebte Traditionen" bedeutet, Waffeln in allen erdenklichen Variationen serviert. Es gibt welche mit geräuchertem Schinken, Käse, Krautsalat und Röstzwiebeln. Manche sind mit Erbsen-Guacamole und Jalapeños, andere mit pochierten Eiern, Sauce Hollandaise und geräuchertem Lachs gefüllt. Die süßen Waffeln werden klassisch mit Marmelade und Sahne, aber auch mit Eis, Nougatcreme, Zitronenquark und Früchten verspeist. Auch Susannas Milch-Shakes sind besonders: Sie bekommen ein Topping, zum Beispiel in Form einer Zimtschnecke.

TIPP

An den Wochenenden bilden sich manchmal lange Schlangen vor dem Café, daher etwas Zeit mitbringen.

● Älskade Traditioner, Södermannagatan 42, 116 40 Stockholm, Tel. +46 (8) 6 43 78 78, www.alskade-traditioner.business.site
● ÖPNV: U-Bahn 17 (grüne Linie), Haltestelle Medborgarplatsen

ABBA zur Wachablösung

56 Tägliches Zeremoniell am Königlichen Schloss

In London ist es verpönt, die Wachen anzusprechen oder der Queen's Guard auch nur nahe zu kommen. Die Männer in ihren roten Jacketts und den Bärenfellmützen vor dem Buckingham Palast schweigen und gebieten Distanz. In Stockholm sieht man das nicht so eng, aber Regeln und Vorschriften gibt es natürlich auch. Ein besonderes Zeremoniell ist die tägliche Wachablösung vor dem Königlichen Schloss. Begleitet von einem Musikkorps marschiert oder reitet die Wachparade in blauen Uniformjacken und blank geputzten Pickelhauben durch die Gassen der Altstadt zum Schloss. Dabei wird Marschmusik gespielt, manchmal ist aber auch ein ABBA-Medley zu hören. Weil sich auf dem Schlossplatz oftmals viele Touristen versammeln, um dem Schauspiel beizuwohnen, sollte man sich schon beizeiten einen guten Platz sichern.

TIPP
Die Wachablösung findet (außer im Winter) täglich um etwa 12 und 13 Uhr statt.

Die Livgarde (Leibgarde) beschützt die Königliche Familie und ihren Besitz. Ihr gehören Männer und Frauen an. Das Musikkorps des Königs aus Trommlern und Bläsern erreicht zuerst den Schlossplatz. Mit Gewehren schreitet anschließend die neue Wache mit ernsten Mienen und strammen Schritts hinzu. Der Fahnenträger der alten Garde entrollt die Fahne und schwenkt sie mehrmals. Es folgen mehrere Formationen, während der die Fahne übergeben und der Wachmann im Wachhäuschen abgelöst wird. All dies geschieht nach einem einstudierten Zeremoniell, das für die Zuschauer in schwedischer und englischer Sprache erläutert wird.

Das Schloss selbst liegt an der höchsten Stelle der Altstadt. Der Barockbau ist eines der größten Schlösser Europas. Mit seinen 605 Zimmern soll es sogar eines mehr haben als der Buckingham-Palast in London. Viele können besichtigt werden, so zum Beispiel die königlichen Parade- und Wohnräume sowie der Silberthron im Prunksaal und die Schatzkammer, wo echte Kronjuwelen funkeln. König Carl XVI. Gustaf und Königin Silvia wohnen zwar nicht hier, sondern auf Schloss Drottningholm. Sie nutzen das Gebäude jedoch als Arbeitsplatz sowie für Staatsbesuche und Empfänge.

● Kungliga slottet (Königliches Schloss), 107 70 Stockholm, Tel. +46 (8) 4 02 61 00
www.kungligaslotten.se
● ÖPNV: U-Bahn 18, 19 (grüne Linie), Haltestelle Gamla Stan

Ein echter Märchenpalast

57

Der chinesische Pavillon von Drottningholm

Im 18. Jahrhundert galt China als sagenumwobenes Sehnsuchtsland. Alle Mitbringsel der Ostindischen Handelsflotte, egal ob Tee, Gewürze, Porzellan oder exklusives Kunsthandwerk, waren heiß begehrt. Auch Königin Lovisa Ulrika schwärmte von dem fernen, exotischen und geheimnisvollen Land. Weil König Adolf Fredrik sie liebte, ließ er heimlich am äußersten Ende des Schlossparks einen chinesischen Pavillon für sie errichten. Es sollte das Geburtstagsgeschenk für seine Gemahlin werden, und tatsächlich gelang es ihm, den Bau geheim zu halten. Die Überraschung glückte. An einem Juliabend im Jahr 1753 führte er sie in den Lustgarten, und der sieben Jahre alte Kronprinz Gustav überreichte seiner Mutter, als Mandarin verkleidet, den goldenen Schlüssel. Die Königin war über die Maßen entzückt von der fernöstlichen Ästhetik, den chinesisch inspirierten Rokokomöbeln, der Seide und dem Papier an den Wänden. Sie beschrieb den Pavillon als „echten Märchenpalast – das schönste Gebäude, das man sich vorstellen kann".

Der chinesische Pavillon liegt im Park von Schloss Drottningholm. Gut möglich, dass man beim Besuch einen Blick auf das Königspaar erhaschen kann, denn in dem Schloss residieren König Carl XVI. Gustaf und Königin Silvia. Wie im Märchen lernte die Deutsche den damaligen Kronprinzen bei den Olympischen Sommerspielen 1972 in München kennen. Beide verliebten sich. Es wurde Hochzeit gefeiert, und der Bräutigam holte die Braut zu sich in sein Reich. Seit 1981 lebt die Königsfamilie in Drottningholm, dessen private Zimmer sich im Südflügel des im 17. Jahrhundert erbauten Schlosses befinden. Ein Großteil der Räume der UNESCO-Welterbestätte sowie die Gärten sind jedoch für die Öffentlichkeit zugänglich. Schloss Drottningholm ist perfekt für einen Tagesausflug. Es befindet sich auf der Insel Lovön im Mälarsee, etwa zehn Kilometer westlich von Stockholm. Ein Spaziergang durch den Park ist auch ein Bummel durch die verschiedenen Stile, die in den jeweiligen Jahrhunderten modern waren.

TIPP

Das Schloss und der Park lassen sich individuell und bei geführten Touren besichtigen.

● Schloss Drottningholm, 178 93 Drottningholm, Tel. +46 (8) 4 02 61 00
www.kungligaslotten.se
● ÖPNV: U-Bahn 18, Haltestelle Brommaplan, dann Bus 176, Haltestelle Drottningholm; Boot am Stadshuskajen

Im Kleid aus rosa Wolken

58 Japanische Kirschblüte im Kungsträdgården

Jedes Jahr im April wird der Kungsträdgården ein Traum in Pink. Dann öffnen sich Tausende und Abertausende Blüten und legen sich wie duftige Wolken über die Zweige der 63 japanischen Zierkirschen. Viele Stockholmer breiten unter dem zartrosa Dach ihre Picknickdecken aus, setzen sich ins Gras oder auf eine der Bänke und erfreuen sich an der romantischen Pracht. Warum nach Japan fahren, wenn man die Kirschblüte vor der eigenen Haustür hat? Sogar ein Kirschblütenfest veranstaltet die Japanische Vereinigung in Stockholm. Dann gibt es an vielen Ständen japanisches Essen und Vorführungen, und die Besucher können sich ein bisschen fühlen wie bei einem traditionellen Hanami (Kirschblütenfest) im Land der aufgehenden Sonne.

Der Kungsträdgården ist aber nicht nur im Frühjahr ein beliebtes Ausflugsziel. Im Sommer finden dort das *Smaka Good Food Festival* (Schmeckt-gut-Food-Festival), Stadtfeste und Musikveranstaltungen statt. Jugendliche feiern im Juni im Park ihr Abitur. Im Winter ist die Eislaufbahn rund um das Denkmal Karls XIII. ein beliebtes Ausflugsziel für Schlittschuhläufer und Zuschauer. Aber auch sonst führt an dem Park eigentlich kein Weg vorbei, liegt er doch auf direktem Weg zwischen dem Stockholmer Schloss und den zahlreichen Museen im Stadtteil Djurgården.

Umgangssprachlich wird der Park als Kungsan bezeichnet.

Der Name Kungsträdgården, also königlicher Park, deutet darauf hin, dass dort einmal ein Schloss gestanden hat. Tatsächlich entstand der heutige Park aus dem Lustgarten des 1825 niedergebrannten und anschließend abgerissenen Renaissanceschlosses Makalös, zu dem ausschließlich Mitglieder des Hofes Zutritt hatten. Einige Steinskulpturen des Schlosses überstanden das Feuer, manche sind heute im Nordiska Museet (Nordisches Museum) zu sehen. Andere Artefakte stehen unter der Erde in der U-Bahn-Haltestelle Kungsträdgården. Sie weisen die Fahrgäste darauf hin, unter welch historisch bedeutsamem Platz sie sich gerade befinden.

TIPP

Im Kungsträdgården befinden sich auch öffentliche Schachplätze für das königliche Spiel.

● Kungsträdgården, Jussi Björlings allé, 111 47 Stockholm, Tel. +46 (8) 50 82 72 00
● ÖPNV: Straßenbahn 7 oder U-Bahn 10, 11 (blaue Linie) bis Kungsträdgården

Der längste Sandstrand

59 Baden und Wandern auf der Halbinsel Gålö

Die Schweden sind das Baden an Klippen gewöhnt. Für Ungeübte ist es aber nicht ganz einfach, vom Wasser zurück aufs Land zu gelangen. Vor allem dann, wenn die Klippen glitschig wie Schmierseife sind und es nichts gibt, woran man sich hochziehen kann. Da ist es nur gut, dass es auch schöne Sandstrände gibt. Der längste im gesamten Stockholmer Einzugsgebiet ist Gålö Havsbad im Süden der Stadt. Mit fast 500 Metern Länge liegt er inmitten wunderschöner Natur an der Bucht Skäläkersviken im Nordosten der Halbinsel Gålö. Der Uferbereich ist seicht und wird von einigen Badeklippen flankiert. Hinter dem schmalen Sandstrand befindet sich eine einladende Liegewiese mit Picknicktischen und -bänken. Es gibt einen Kiosk, ein Restaurant, Cafés und Hofläden, einen Fahrrad- und einen Kajakverleih sowie Angebote wie Ponyreiten und Abenteuergolf. Gålö ist ein großartiges Ziel für einen Tagesausflug.

TIPP

Auf Gålö gibt es einen Campingplatz mit Hütten, Herberge und Glampingzelten mit richtigem Bett und Dusche.

Fast die gesamte Halbinsel ist Naturschutzgebiet. Wer genug gebadet und in der Sonne gelegen hat, kann Gålö auf herrlichen Wanderwegen entdecken. Sie führen über blühende Wiesen, durch Laub- und Pinienwälder mit Blaubeeren sowie zu Buchten und Stränden. Auf dem Pfad Fornstigen erzählen Schilder von Orten, an denen Menschen von der Steinzeit bis in die Gegenwart ihre Spuren hinterlassen haben. Ein besonders schöner, knapp zehn Kilometer langer und zum Teil hügeliger Wanderweg führt zwischen Morarna und Skälvik fast immer am Wasser entlang. Man folgt der roten Markierung des Weges Stora Gålöslingan Richtung Süden und biegt an einer Brücke am Wasser links ab. Weiter geht es nach Havtornsudd (havtorn ist der Sanddorn). Dieser Platz mit kilometerweiter Sicht auf das Meer und die benachbarten Schäreninseln ist perfekt für eine Rast mit Picknick (Lunchpaket mitnehmen!). Weiter geht es bis zum Strandbad. Natürlich lässt sich der Weg auch in umgekehrter Richtung erwandern. Wenn es vorher geregnet hat, können die Steine auf dem Uferweg etwas rutschig sein. Wanderstöcke sind eine willkommene Hilfe.

● Gålö naturreservat, Skäläkersvägen 11, 137 96 Gålö, Haninge,
Tel. +46 (8) 50 03 38 80, www.visithaninge.se/de
● ÖPNV: Pendlerzug 42 oder 43, Haltestelle Västerhaninge, dann Bus 845,
Haltestelle Skäläker

Stockholms Stadtbalkon

60 Fjällgatan – große Aussichtsterrasse mit Café

Der Name Fjäll bedeutet ins Deutsche übersetzt Gebirge. Ein Gebirge besteigt man mit der Straße Fjällgatan nun zwar nicht, die Aussicht von oben ist trotzdem majestätisch, denn die Stadt liegt dem Betrachter praktisch zu Füßen. Die Stockholmer nennen den Platz liebevoll ihren „Stadtbalkon", und die Aussichtsterrasse trägt den Namen Per Anders Fogelströms terrass. Bänke laden dazu ein, den Blick gemütlich schweifen zu lassen. Es gibt auch Schattenplätze unter Bäumen und einen kleinen Park nebenan. An schönen Tagen tummeln sich auf der Terrasse meist viele Menschen, aber es ist genug Platz für alle da – und unbedingt einen Ausflug wert. Auf der Terrasse gibt es mit Fjällgatans Kaffeestuga übrigens ein traditionsreiches Café mit verglaster Veranda, in dem man sich den Blick noch mit Kaffee, Kuchen oder Eis versüßen kann.

Die Fjällgatan befindet sich in etwa 30 Metern Höhe an der Nordseite von Södermalm. Von dort oben blickt man über die Bucht der Ostsee auf die Stadtteile und Inseln Gamla Stan, Skeppsholmen, Kastellholmen sowie Djurgården. Die Achterbahn und das hohe Kettenkarussell Eclipse von Gröna Lund sind ebenso zu sehen wie das Vasamuseum sowie im Hintergrund der Fernsehturm Kaknästornet.

Wer sich an der Aussicht sattgesehen hat, kann anschließend noch etwas durch die Straßen auf dem Stigberget schlendern. Von der Fjällgatan – wo im Haus Nummer 34 mit Stigbergets Borgarrum eine im Stil des 19. Jahrhunderts eingerichtete große Stadtwohnung gezeigt wird – führt die Holztreppe Sista Styvern hinauf zur Stigbergsgatan. Dort sind malerische und gut erhaltene Holzhäuser aus dem 18. Jahrhundert zu sehen, zum Beispiel die rot gestrichenen Häuser mit den grünen Fensterläden des Anwesens Stammen 38. So idyllisch wie heute war es früher allerdings nicht. Die Stigbergsgatan war so etwas wie der Hinterhof der feineren Fjällgatan. Viele arme Menschen lebten dort in kleinen, windschiefen und zugigen Häusern ohne Wasser und Licht.

TIPP

Meist ist Stigbergets Borgarrum sonntags zwischen 13 und 15 Uhr geöffnet. Besser vorher erkundigen!

● Fjällgatan, 116 28 Stockholm
● ÖPNV: U-Bahn 17, 18, 19 (grüne Linie), Haltestelle Gamla Stan, dann Bus 2 von Mälartorget, Haltestelle Tjärhovsplan

Eine süße Sünde wert

61 Lillebrors Bageri in Vasastaden

Schon der Duft ist verführerisch. Es riecht nach frisch gebackenem Brot, nach Zimt, Butter und Kardamom. Die kanelbullar (Zimtschnecken), aber auch die „semlor" – Hefebrötchen mit Marzipan, Mandeln und Sahne – sind ganz sicher eine Sünde wert. Und die Croissants mit 27 Schichten Teig und Butter machen den Kreationen in Paris spielend Konkurrenz. Lillebrors Bageri ist eine kleine, aber sehr feine Bäckerei in der Rörstrandsgatan im Stockholmer Stadtteil Vasastaden. Dort wird nach alter Handwerkskunst vor Ort gebacken, und die Brote und Gebäcke gelangen direkt aus der Backstube in die Verkaufstheke aus Holz. Frischer geht es nicht – und genau das war auch das Anliegen von Stefan Berg, der Lillebrors Bageri 2016 ins Leben gerufen hat. Außerdem sollte seine Bäckerei ein Treffpunkt werden für Menschen, die gutes, handgemachtes Backwerk und eine fröhliche und freundliche Atmosphäre zu schätzen wissen.

Als kleiner Bruder, erzählt Stefan, wollte er immer das haben, was auch sein großer Bruder Hans hatte. Weil der zu Hause in Bergsjö in Hälsingland in einer Bäckerei arbeitete, half auch Stefan schon während der Schulzeit dort aus. So kam er auf den Geschmack. Eine neue Tür öffnete sich für ihn mit einem Jobangebot in der Valhallabageriet auf Östermalm in Stockholm. Zehn Jahre blieb er dort, ehe er kündigte, um am 1. Dezember 2016 seine eigene Bäckerei zu eröffnen. Der Name Lillebrors Bageri war schnell gefunden, denn übersetzt heißt das „die Bäckerei des kleinen Bruders". Im September 2021 bezogen er, sein Kollege Sven-Gunnar Appelgren und das Team ihre neue, etwas größere Traumbäckerei ein paar Häuser weiter in der Rörstrandsgatan 10. Ein großes Thema bei der Gestaltung der Einrichtung war die Nachhaltigkeit.

Die „semlor" von Lillebrors Bageri landen bei Rankings, die Stockholmer Zeitungen veranstalten, übrigens immer auf Spitzenpositionen. Das Geheimnis ist unter anderem die crunchige Textur durch die grob gemahlenen Mandelstückchen im Marzipan.

TIPP

Im Sommer gibt es auch Eis, unter anderem mit Fichtenspitzen-, Löwenzahn- und Holunderblütengeschmack.

● Lillebrors Bageri, Rörstrandsgatan 10, 113 40 Stockholm
www.lillebrors.de
● ÖPNV: U-Bahn 17, 18, 19 (grüne Linie), Haltestelle St. Eriksplan

Villa mit Kunst und Café

62 Café Monika Ahlberg in Thielskas galleriet

Die strahlend weiße Villa im Wiener Jugendstil beherbergt mit der Thielska galleriet eines der eindrucksvollsten Kunstmuseen des Landes. Unbedingt einen Besuch wert ist dort aber auch das außerordentlich beliebte Café von Monika Ahlberg. Die aus dem schwedischen Fernsehen bekannte Köchin und Autorin von mehr als 20 Kochbüchern bewirtet die Besucher mit hausgemachtem Gebäck und herzhaften Kreationen wie geräuchertem Lachs, Landpastete und Krabbensalat. Das alles schmeckt hervorragend und erfreut zudem das Auge, denn der Cafébesitzerin ist es wichtig, dass ihre mit Liebe zubereiteten Mittagsgerichte, Sandwiches, Suppen, Salate und Backwaren nicht nur schmecken, sondern auch verführerisch aussehen. Ausgesuchte Klassiker wie die Traumtorte („drömtårta"), eine Biskuitrolle mit Buttercreme, oder Schokoladenkekse („chokladsnitt") bereichern das Kuchenbuffet. Letztere waren einst Bestandteil eines „kafferep", ein Kaffeekränzchen mit sieben verschiedenen Sorten von Keksen. Sieben, so dachte man, sei das richtige Maß, um als Gastgeberin weder geizig noch protzig zu erscheinen.

Monika Ahlberg war früher Tänzerin und Schauspielerin. Von Anfang der 1990er-Jahre bis zum Jahr 2000 war sie in Rosendals Trädgård für Café, Küche und Bäckerei verantwortlich, bevor sie ihr eigenes Café in Thielskas galleriet eröffnete. Der Prachtbau gehörte einst dem wohlhabenden Bank- und Finanzmann Ernest Thiel (1859–1947). „Ich möchte ein Haus, das an allen Wänden mit Gemälden geschmückt ist", schrieb er an den Architekten, den er mit dem Auftrag betraut hatte. 1905 bezog er die Traumvilla zusammen mit seiner Familie und seiner beeindruckenden, vorwiegend zeitgenössischen Kunstsammlung, die Werke bedeutender und später bekannter Künstler wie Bruno Liljefors, Carl Larsson, Anders Zorn, August Strindberg und Edvard Munch umfasst. Heute sind das Haus und die Kunstsammlung, die auch Werke von Paul Gauguin und Henri de Toulouse-Lautrec enthält, als Museum für die Öffentlichkeit zugänglich.

TIPP

Im hübschen hügeligen Park befinden sich Skulpturen, unter anderem von Auguste Rodin.

● Café Monika Ahlberg, Sjötullsbacken 8, 115 25 Stockholm, Tel. +46 (70) 7 46 72 60
www.thielskagalleriet.se/cafeet
● ÖPNV: Bus 69, Haltestelle Thielska galleriet

Nachhaltige Lieblingsmode

63

Arkivet – ein Secondhandladen mit Botschaft

Wer sich aus Stockholm ein schickes Kleidungsstück mit nach Hause nehmen möchte, muss das nicht neu kaufen. Im Arkivet gibt es gepflegte Mode aus zweiter Hand und Vorbeischauen lohnt sich.

Schon als Zehnjährige half Caroline im Secondhandladen ihrer Großmutter beim Auszeichnen der Preise. Sie plauderte mit den Kunden und erledigte so manche Kleinigkeiten. Bei Oma Sonia in Sundbyberg träumte sie aber auch schon davon, eines Tages ihr eigenes Geschäft zu führen. Doch bevor es so weit war, absolvierte sie als junge Frau ein Wirtschaftsstudium in den USA und war einige Jahre selbstständig. Dann kehrte sie nach Schweden zurück, um den Laden ihrer Großmutter zu übernehmen, was ihr großen Spaß machte, und das Geschäft florierte. Trotzdem verkaufte sie es, um sich als Managerin und Personalleiterin bei einer großen schwedischen Bekleidungskette fortzubilden. Doch der Traum lebte weiter, und 2017 schließlich eröffnete Caroline Hamrin ihren ersten eigenen Secondhandladen in Vasastan. Heute ist Arkivet eine erfolgreiche Secondhand-Kette mit zwei Geschäften in Stockholm und einer Filiale in Göteborg.

Mit dem Arkivet möchte Caroline Hamrin ihren Kundinnen die Möglichkeit geben, tolle Mode auf nachhaltige Weise zu erwerben. Und das nachhaltigste Kleidungsstück ist das, das bereits produziert wurde und weitergetragen wird. Moderne und gepflegte Kleidung, die der einen Kundin nicht mehr gefällt oder nicht mehr passt, avanciert für eine andere Kundin möglicherweise zum neuen Lieblingsstück. Auf diese Weise entsteht ein nachhaltiger Kreislauf. Die Lebensdauer der Bluse oder der Tasche wird verlängert, und die umwelt- und modebewusste Käuferin kann sich über ein neues Teil im Kleiderschrank freuen.

Im Arkivet kann auch Kleidung verkauft werden, die man selbst kaufen würde. Sie sollte modern und in gutem Zustand sein. Indem man nun einerseits Kleidung verkauft und neue einkauft, entsteht das, was Caroline Hamrin „circular fashion" nennt: Die Mode wandert von einer Kundin zur anderen.

TIPP

Neben dem Second-Hand-Laden in Vasastan gibt es noch eine Filiale in der Nybrogatan 44 in Östermalm.

● Arkivet, Norrtullsgatan 33, 113 27 Stockholm, Tel. +46 (72) 9 69 20 00
www.arkivetsthlm.se
● ÖPNV: U-Bahn 17, 18, 19 (grüne Linie), Haltestelle Odenplan,
dann Bus 2, Haltestelle Norrtullsgatan

Sträuße mit Wow-Effekt

64

Christoffers Blommor macht Menschen glücklich

Man kann fast die Uhr danach stellen: Jeden Morgen von Montag bis Samstag verwandelt sich die schmale Gasse Kåkbrinken aufs Neue in eine üppige grüne Oase. Denn dann trägt Christoffer Broman Blumen und Pflanzen nach draußen und arrangiert sie vor seinem Laden. Christoffers Blommor (Christoffers Blumen) ist ein kleines und persönlich geführtes Blumengeschäft in der Stockholmer Altstadt Gamla Stan. Die vielen Stammkunden sind der Überzeugung, es sei das beste der Stadt. Und der Inhaber glaubt: „Die Leute spüren, dass wir das, was wir tun, gern tun." Seine Kreationen sollen nichts weniger, als die Menschen glücklich machen. Das schafft er mit einem außergewöhnlichen Sortiment und spannenden Kombinationen.

Schon als Schüler nahm Christoffer einen Job an einem Blumenstand auf dem Markt an und lernte, wie man Sträuße bindet. Er hatte Spaß daran, probierte immer wieder etwas Neues aus und merkte, dass er gut darin war. Seine Liebe zu Blumen war lange eine heimliche, denn sie wäre bei den anderen Jungs in seinem Alter wohl nicht so gut angekommen. Die interessierten sich viel mehr für Karate. Doch Christoffers Begeisterung für die Floristik war geweckt, und er wollte alles darüber wissen. Die lateinischen Namen der Pflanzen, wann sie Saison haben, aber vor allem wollte er lernen, Sträuße zu kreieren, die ein Wow-Gefühl hervorrufen. Das gelingt ihm in seinem eigenen Geschäft seit über 20 Jahren mit luftigen Kreationen und überraschenden Details. „Wir fragen unsere Kunden immer, in welche Vase der Strauß gestellt werden und zu welcher Einrichtung er passen soll", plaudert er aus dem Nähkästchen.

Inzwischen kennt Christoffer Broman den Geschmack vieler seiner Kunden genau. Man unterhält sich, die Atmosphäre im Laden ist vertraut, fast familiär. „Manchmal passen wir sogar auf Kinder oder Hunde auf." Und wenn Mutter oder Vater, Herrchen oder Frauchen zurück sind, freut sich der Florist, wenn er sie mit einem umwerfend schönen und mit Liebe gemachten Strauß zum Staunen bringen kann.

● Christoffers Blommor, Kåkbrinken 10, 111 27 Stockholm, Tel. +46 (8) 24 00 75
www.christoffersblommor.se
● ÖPNV: U-Bahn 13, 14 (rote Linie), U-Bahn 17, 18, 19 (grüne Linie),
Haltestelle Gamla stan

Flohmarkt mit Badestrand

 65 Hornstulls Marknad in Södermalm

An den Ständen entlangflanieren, hübsche und kuriose Dinge entdecken – wer Flohmärkte liebt, wird ganz bestimmt auf Hornstulls Marknad am Ende von Södermalm glücklich. Von April bis Ende September kann man dort samstags und sonntags von 12 bis 17 Uhr nach Herzenslust stöbern. Das Angebot der Händler ist riesig und reicht von Secondhand-Klamotten und -Schuhen über Vintage-Artikel bis hin zu Büchern und Schallplatten. Es gibt aber auch wunderbare Antiquitäten, Design, Kunst und Kunsthandwerk zu entdecken. Am besten lässt man sich einfach treiben, schaut hier, probiert dort und genießt das einzigartige Ambiente direkt am Wasser des Liljeholmsvikens. Schwedisches Sommerfeeling pur – gepaart mit Genüssen aus der ganzen Welt und Strandatmosphäre.

Denn wer zwischendurch Hunger bekommt, kann sich an einem der etwa zehn Imbissstände vor Ort etwas zur Stärkung holen. Ein junges Paar aus den Pyrenäen nahe Barcelona offeriert an einem hübsch ausgebauten Wohnwagen süße Crêpes sowie verschiedene mediterrane Salate, Tapas und Paella. Es gibt vietnamesische Bánh-Mi-Sandwiches, Falafel und natürlich Hot Dogs. Ein Sombrero an einem der Food-Trucks verrät schon von Weitem, dass mexikanische Tacos und Quesadillas offeriert werden. Mit den ergatterten Snacks setzt man sich auf die Treppenstufen an der Uferpromenade, schlemmt gemütlich in der Sonne und beobachtet das bunte Treiben auf dem Markt. Wer etwas mehr Ruhe sucht, findet sicher ein schönes Plätzchen direkt am Wasser oder im angrenzenden Park.

Hornstulls Marknad ist sehr beliebt bei den Stockholmern. Unzählige Stände und hin und wieder auch Live-Musik locken an den Wochenenden Scharen von Besuchern an. Dort trifft man sich gern zum Essen und zum Bummeln. Es gibt sogar einen kleinen Strand zum Baden. Welcher Flohmarkt hat das schon zu bieten?

Veranstalter des Floh-, Design- und Foodmarktes ist Glad Stad, dessen Vision es ist, Stockholm durch die Zusammenarbeit mit den Einwohnern zu einer glücklicheren Stadt zu machen.

● Hornstulls marknad, Hornstulls Strand 4, 117 39 Stockholm, Tel. +46 (76) 3 29 15 95
www.hornstullsmarknad.se
● ÖPNV: U-Bahn 13, 14 (rote Linie), Haltestelle Hornstull

Hipp, kreativ und trendy

66

Södermalm – vom Arbeiter- zum Szeneviertel

Das hügelige Södermalm ist so etwas wie das Hipsterviertel von Stockholm. Zahlreiche Künstler und Designer haben sich in den vergangenen Jahren in der einstigen Arbeitersiedlung niedergelassen. Die Atmosphäre ist kreativ, trendy und trotzdem schwedisch charmant und entspannt. Eine Vielzahl von coolen Vintage-, Mode-, Schmuck- und Designerläden liegt nahe beieinander. Neben kleineren Boutiquen und Galerien findet man aber auch eine Fülle von ausgefallenen Restaurants und Bars.

Besonders viele Lokale, Cafés, Kneipen und angesagte Clubs gibt es in SoFo. Die Abkürzung steht für South of Folkungsgatan und entstand in Anlehnung an den New Yorker Stadtteil SoHo in Manhattan. Zur SoFo-Night wird immer am letzten Donnerstag im Monat eingeladen. Die Besucher können dann bis 21 Uhr shoppen und den Abend in einem der Hotspots ausklingen lassen. In manchen Läden unterhält Live-Musik. Snacks, Drinks und Rabatte locken, und es macht Laune, durch die Straßen zu schlendern, die Atmosphäre zu genießen und, wer weiß, vielleicht auch den neuen Lieblingsladen zu entdecken.

TIPP

Die Millennium-Karte ist im Shop des Stadtmuseums auch in Deutsch erhältlich.

Drei junge Väter sind die Namensgeber von SoFo. Henrik Borggren kam gerade aus New York zurück und traf sich mit seinen Freunden Per Holm und Fredrik Glejpner auf ein paar Flaschen Wein. Dabei ist ihnen die Wortkreation eingefallen, und die haben sich die drei auch gleich patentieren lassen.

In Södermalm – umgangssprachlich kurz Söder genannt – wurden auch einige Filme gedreht. Skinnarviksparken, einer der schönsten Aussichtspunkte der Stadt, ist in zwei Filmen von Regisseur Ingmar Bergman zu sehen. Kommissar Beck ermittelt in Södermalm. Vor allem aber ist das Viertel Hauptschauplatz der Kriminalromane von Stieg Larsson um den Journalisten Mikael Blomkvist und die Hackerin Lisbeth Salander. Fans der Millennium-Trilogie können sich mithilfe einer Karte auf die Spuren der Protagonisten begeben und Södermalm anhand der Originalschauplätze und Drehorte entdecken. Los geht es an Blomkvists Zuhause in der Bellmansgatan 1.

● Nytorget, Södermalm, 116 40 Stockholm
www.sofo-stockholm.se
● ÖPNV: U-Bahn 17, 18, 19 (grüne Linie), Haltestelle Medborgarplatsen

„Chorbier" im Teodoras

67

Zero8 singt nach der Probe in der Stammkneipe

Teodoras Pub & Bar ist eine ganz normale Kneipe in Kungsholmen. Man sitzt an Holztischen, bekommt Craft-Bier und Burger, Mozzarella-Sticks und Chickenwings. Von der Decke hängen Kronleuchter, an der Wand prangt ein Elchgeweih und täglich ist bis drei Uhr geöffnet. Aber einmal in der Woche, immer donnerstags, geschieht etwas, was man nur hier – und in keinem anderen Pub in Stockholm – erleben kann. Denn Teodoras ist die Stammkneipe des bekannten Chores Zero8. Hierhin gehen die jungen Männer regelmäßig nach der Probe in der Råsunda Kyrka zum sogenannten „köröl", dem „Chorbier". Weil alle begeisterte Sänger sind, kommt es vor, dass sie einfach aufstehen und in der Kneipe einige ihrer Barbershop-Songs zum Besten geben. Ein Happening, das etwas Glanz und die große weite Welt in die kleine Kneipe bringt. Denn Zero8 singt nicht nur in Stockholm und in Europa, sondern steht auch in Japan und Las Vegas auf der Bühne. 2019 gewannen die Schweden Bronze bei der International Barbershop Convention in Salt Lake City in den USA.

TIPP

Auch die Proben donnerstags in der Råsunda Kyrka in Solna, Förrådsgatan 26, sind öffentlich.

Die Geschichte von Zero8 begann 2007, als eine Gruppe junger Männer am Stockholmer Musikgymnasium das Genre Barbershop für sich entdeckte. Bei der Nordic Barbershop Convention trafen sie die Barbershop-Legende Doug Harrington, einen in Schweden lebenden Amerikaner. Er gründete und leitete den Chor bis Ende 2015. Von 2008 bis 2017 gewann Zero8 jedes Jahr Gold bei den Nordic Barbershop Championships. Als sich Doug Harrington neuen Projekten zuwenden wollte, übernahm der vielseitige Musiker Rasmus Krigström die Leitung. Er ist Regisseur, Arrangeur, Komponist und Sänger. Mit den Ringmasters hatte er im Jahr 2012 die internationale Barbershop-Meisterschaft gewonnen.

Seine Wurzeln hat der Chor im klassischen Chorgesang, denn viele der Mitglieder stammen vom Stockholmer Musikgymnasium. Deshalb gehören neben Barbershop auch klassischer Chorgesang, Rock und Pop zu ihrem Repertoire – und alle Genres inspirieren sich gegenseitig.

● Theodora Pub & Bar, Sankt Eriksgatan 53 b, 112 34 Stockholm,
Tel. +46 (8) 6 51 43 60
● ÖPNV: U-Bahn 10, 11 (blaue Linie), Haltestelle Fridhemsplan

So gut schmeckt Schweden

 68 Villa Godthem: klassische Küche, toller Blick

Klassische schwedische Küche mit modernem Touch in einer historischen Umgebung auf der idyllischen Insel Djurgården – das bietet Villa Godthem. Die Speisen sind ausgezeichnet und genügen auch hohen Ansprüchen. Eine der bekanntesten Spezialitäten ist das „Plankstek", das seit den 1950er-Jahren auf der Speisekarte steht. Es ist in Schweden sehr beliebt und wird auf einem Holzbrett serviert. Das gegrillte Rinderfilet wird darauf von Pommes Duchesse eingerahmt. Dazu gibt es Sauce Béarnaise, Rotweinsauce, grüne Bohnen, Speck und gebackene Tomaten. Weitere Klassiker der schwedischen Küche sind Biff Rydberg (Rinderfilet und Bratkartoffeln in Würfeln mit Senfcreme), Hering mit Kartoffelpüree und Preiselbeeren sowie natürlich Köttbullar (Fleischbällchen).

Bewunderer und Freunde des Opernsängers Carl Johan Uddman ließen das Gebäude 1874 im Schweizer Stil erbauen und schenkten es dem Künstler als Privatresidenz. Als der wohlbeleibte Uddman eines Abends von der Oper nach Hause gelaufen war, soll er außer Atem keuchend ausgerufen haben: „Jag har GÅTT-hem!" (Ich bin nach Hause gegangen!) So, heißt es, sei der Name Godthem entstanden. Anlässlich der Stockholmausstellung wurde die Villa dann in ein Restaurant umgewandelt. Der Speisesaal ist einer der schönsten in ganz Stockholm. Es gibt eine verglaste Veranda im Schärengartendesign, und im Sommer können die Gäste vom herrlichen Garten der Villa die Aussicht auf das Wasser des Djurgårdsbrunnsviken genießen. Bequeme Loungemöbel, Feuerkörbe und Decken sorgen für Behaglichkeit. In der Mitte des Gartens befindet sich eine Büste Uddmans.

Villa Godthem liegt nur einen Steinwurf von der Djurgårdsbron entfernt und in der Nähe einiger der berühmtesten Sehenswürdigkeiten Stockholms. Dazu gehören das Vasamuseum, das Freilichtmuseum Skansen und das ABBA-Museum. Das Restaurant ist ein großartiger Ort, um den Tag nach einem ausgiebigen Sightseeing ausklingen zu lassen. Aber auch zum Mittagessen und zum Nachmittagskaffee sind Gäste willkommen.

....

● Villa Godthem, Rosendalsvägen 9, 115 21 Stockholm, Tel. +46 (8) 68 42 38 40
www.villagodthem.se
● ÖPNV: Straßenbahn 7, Haltestelle Nordiska museet/Vasamuseet

Ötillö: von Insel zu Insel

69 Nah dran bei der Weltmeisterschaft im Swimrun

Was passiert, wenn abenteuerlustige Schweden ein wenig zu viel getrunken haben und sich auf eine irrsinnig scheinende Wette einlassen? Es entsteht eine neue Sportart. Seit 2006 kämpfen im Stockholmer Schärengarten die Athleten einmal im Jahr um den Weltmeistertitel im Swimrun. Ötillö, was „von Insel zu Insel" heißt, gilt als eines der härtesten Ein-Tages-Rennen der Welt. Die Athleten laufen dabei 65 Kilometer über 24 Inseln und schwimmen dazwischen insgesamt zehn Kilometer im offenen Meer. Für die Zuschauer, für die es Plätze entlang der Strecke gibt, ist es ein interessantes Spektakel vor einer großartigen Kulisse. Die Weltmeisterschaft findet regelmäßig Anfang September statt.

Es ist 5.30 Uhr und noch dunkel auf Sandhamn in den äußeren Schären. Nach und nach kommen die ersten Teilnehmer in Neoprenanzügen und mit roten, orangefarbenen und grünen Badekappen auf dem Kopf aus dem Seglarhotell. Bevor es gegen 6 Uhr losgeht, steckt sich der ein oder andere noch einen Energieriegel in den Strumpf. Mit Schwimmpaddel an den Händen und Laufschuhen an den Füßen gehen sie zum Start. Zeit, um sich zwischendurch umzuziehen, haben die Athleten beim Swimrun nicht.

Die Teilnehmer kommen aus der ganzen Welt und laufen und schwimmen immer zu zweit. Etwa 120 Männer-, Frauen- und Mixed-Teams sind es. Zwischen Sonnenaufgang und Sonnenuntergang rennen sie über zerklüftete und scharfkantige Felsen, über Geröll, glitschige Steine, kämpfen sich durch hohes Schilf, springen in die eiskalte Ostsee, kraulen bis zur nächsten Insel, ziehen sich an Land, laufen, schwimmen, laufen, schwimmen. Die Zweierteams sind dabei mit einem Gummiseil verbunden, denn die Regeln schreiben vor, dass die Mitglieder an Land höchstens 100 Meter, im Wasser höchstens 10 Meter voneinander entfernt sein dürfen. Das Seil soll auch sicherstellen, dass niemand im Wasser verloren geht. Etwa siebeneinhalb Stunden später kommen die Ersten auf der Insel Utö ins Ziel. Die letzten Teams passieren gegen 20 Uhr die Ziellinie.

TIPP

Start ist auf der Insel Sandhamn in den äußeren Schären, das Ziel ist die Insel Utö.

● Sandhamn Seglarhotell, Hotel und Restaurant, 130 39 Sandhamn, Tel. +46 (8) 57 45 04 00, www.otilloswimrun.com
● ÖPNV Sandhamn: Boot Cinderella ab Strandvägskajen (etwa 2 Stunden)

Benny Anderssons Rival

70 Boutique-Hotel und In-Treffpunkt in Södermalm

ABBA ein kleines Stückchen näher sind die Gäste im Hotel Rival mitten in Södermalm. Denn es war Benny Andersson, der sein Lieblingskino Rival inklusive Restaurant im Jahr 2003 kaufte und daraus das erste Boutique-Hotel Schwedens machte. Björn Ulvaeus, Anni-Frid Lyngstad und Agneta Fältskog sind oft bei ihrem Band-Kollegen Benny im Hotel Rival zu Gast. Ebenso waren sie gemeinsam im renovierten Kino, als am 4. Juli 2008 der Film Mamma Mia in Stockholm uraufgeführt wurde. Die Bandmitglieder zeigten sich auf Rivals Balkon zusammen mit den Schauspielern Meryl Streep, Pierce Brosnan und Colin Firth.

Das Hotel Rival ist ein privat geführtes, exquisites Hotel mit 99 perfekt ausgestatteten Zimmern und seit elf Jahren Träger des Tripadvisor Travel's Choice Awards. Vom Einzelzimmer bis zur Penthouse-Suite im siebten Stock mit Balkon und herrlichem Blick über Mariatorget und Zimmerservice ist alles zu haben. Schwarz-Weiß-Bilder von schwedischen Stars wie ABBA und Ingrid Bergman hängen an den Wänden, in manchen Zimmern kann man von der Badewanne aus den Film Mamma Mia ansehen, und in allen sitzt irgendwo ein Teddybär.

Dazu kommen im Rival ein Bistro, eine Cocktailbar, eine Taverne und Watson's Bar, benannt nach dem Jack Russell des Besitzers. Weil vermutlich niemand so genau Watsons Musikgeschmack kennt, läuft dort eine bunte Mischung aus Soul, Funk, Jazz und manchmal auch Disco-Sound. Die 2019 eröffnete Bar ist ein beliebter und hipper Treffpunkt, man feiert mit Freunden und Kollegen täglich bis spät in die Nacht bei Rival-Burger und Wein – wer mag auch mit Austern und Champagner.

Die Taverne ist ein bunter Stilmix, inspiriert von den schönsten Tavernen und Cafés Europas. Auf der Außenterrasse kann man einen schnellen Espresso und einen gerösteten Croque Monsieur genießen. Etwas mehr für sich ist man in einem Raum, der mit Sofas und Sesseln sehr gemütlich ist. Wer sich in die Polster fallen lassen möchte, kann die Speisen und Getränke auch per QR-Code auf der Tischkarte bestellen.

TIPP

Es gibt einen Hotelsong von Björn und Benny. Wer will, kann im Zimmer Musik von ABBA und anderen Interpreten hören.

● Hotel Rival, Mariatorget 3, 118 48 Stockholm, Tel. +46 (8) 54 57 89 00
www.rival.se
● ÖPNV: U-Bahn 13, 14 (rote Linie), Haltestelle Mariatorget

Das Meer küsst den Himmel

71 Atemberaubende Ausblicke in Nynäshamn

Nynäshamn ist ein zauberhafter Küstenort. Die Schärenstadt ist der einzige Ort in den Stockholmer Schären, von dem man vom Festland aus den Meereshorizont sehen kann. Wunderschön ist ein Spaziergang entlang des gewundenen Strandvägens (Strandweg) bis nach Lövhagen, einem Naturschutzgebiet, mit spektakulären Ausblicken aufs offene Meer. Der Weg entlang der Küstenlinie wurde anlässlich der Olympischen Sommerspiele 1912 angelegt. Damals wollte man den Zuschauern die Möglichkeit geben, die Segelwettbewerbe live zu verfolgen. Auf dem „längsten Sportplatz Schwedens", wie der Weg gern genannt wird, stehen heute elf Trainingsgeräte, die jeder nutzen kann. Außerdem bieten der Strandvägen und Lövhagen wunderschöne Bade- und Picknickplätze. Man kann sich beispielsweise eine Tüte geräucherter Garnelen, Brot und Aioli im Fischgeschäft Rökeriet am Fiskargränd mitnehmen und die Köstlichkeit später am Meeresufer verspeisen. Wem nicht nach Picknick ist, der fühlt sich im üppig grünen Garten von Lövhagens kaffeservering sicher wohl. Das Meer ist hier nur einen Katzensprung entfernt. Auch Übernachtungsmöglichkeiten in einer Herberge oder süßen Cottages stehen zur Verfügung.

Nynäshamn hat zudem einige kulinarische Schlemmereien und lokales Bier zu bieten. Rökeriet ist etwa eine nachhaltig wirtschaftende kleine Fischräucherei mit Laden, Restaurant und vor allem fangfrischem Fisch. Es gibt ihn frisch, geräuchert und eingelegt, unter anderem warm und kalt geräucherten Lachs, Hering, Garnelen, Hummer, Krebse und Muscheln. Das angeschlossene Restaurant bietet saisonale Spezialitäten. Wer Fisch und Meeresfrüchte mag, wird begeistert sein.

Alle, die Süßes bevorzugen, sind hingegen im Chokladhuset (Schokoladenhaus) richtig. Seit 2006 kreiert die Besitzerin Louise Öbrink eine besondere Praline für die Party nach dem Nobelbankett in Stockholm. Mehrere nationale Preise hat die Brauerei Nynäshamns Ångbryggeri mit ihren Bieren bereits eingeheimst.

TIPP

Weitere Ziele und Freizeitmöglichkeiten sind Bootsfahrten zu den Inseln Nåttarö, Rånö und Ålö sowie Kajakfahren, Klettern, Wandern und Golfen.

● Nynäshamn Visitor Center, Fiskargränd, Nynäshamns Fiskehamn, 149 81 Nynäshamn, Tel. +46 (8) 52 07 37 00, www.visitnynashamn.se
● ÖPNV: Pendlerzug 43, Haltestelle Nynäshamn

Zeitlos Schönes

72

Qualität und Nachhaltigkeit von Granit

Granit hat sicher das Zeug, zum Lieblingsladen zu werden: Man findet einfach bei jedem Besuch etwas Hübsches und Praktisches. Keinen Schnickschnack, der später in einer Ecke verstaubt, sondern nützliche und schöne Dinge, die man immer wieder gern in die Hand nimmt. Granit wurde 1996 von den Schwedinnen Anett Jormeús und Susanne Liljenberg gegründet. Am Küchentisch entwickelten sie ihr Geschäftskonzept. Ihre Philosophie: Wer seinen Alltag vereinfacht, hat mehr Zeit zum Leben. So gestalteten sie zunächst zeitlos schöne, qualitativ hochwertige, funktionale und erweiterbare Aufbewahrungsmöglichkeiten. Inzwischen wurde das Sortiment um andere Wohn- und Lifestyle-Accessoires erweitert. Aber eines ist und bleibt den Schwedinnen bei ihrem Sortiment besonders wichtig: die Nachhaltigkeit aller Produkte. Granit arbeitet mit natürlichen Farben und Naturmaterialien wie Korb, Holz und Stein, inspiriert von der Natur. Auch beim Design dreht sich alles um Nachhaltigkeit. Man orientiert sich nicht an Trends und aktuellen Farben, sondern verwendet langlebige, natürliche Materialien, die in Schönheit altern und an denen man über viele Jahre Freude hat. Die oft multifunktionalen Produkte kommen durch ihr schlichtes Design in Grau, Creme, Weiß und Schwarz praktisch nie aus der Mode.

TIPP

Boutiquen gibt es in der Götgatan, Humlegårdsgatan, Långholmsgatan, Kungsgatan und in Västermalmsgallerian.

Um die Transportwege kurz zu halten, wird darauf geachtet, dass vorwiegend in Schweden und Europa produziert wird. Das pflanzlich gegerbte Leder von schwedischen Rindern stammt zum Beispiel aus der Gerberei in Tärnsjö, Skåne. Zudem ist Granit Mitglied der Initiative für Ethischen Handel (IEH), die sich für gute Arbeitsbedingungen in der Produktion einsetzt. Zum Sortiment von Granit gehören nach wie vor Aufbewahrungsaccessoires wie Körbe und Boxen aus Baumwolle. Es gibt aber auch Möbel, Teppiche und Lampen, Geschirr, Pflanzen und Blumentöpfe. Außerdem führt Granit ein paar Basic-Klamotten aus Fairtrade-zertifizierter Baumwolle sowie Gewürzmischungen und Öle.

● Granit, Götgatan 31, 116 21 Stockholm, Tel. +46 (8) 6 42 10 68
www.granit.com
● ÖPNV: U-Bahn 17, 18, 19 (grüne Linie), Haltestelle Medborgarplatsen

Sommerort mit Charme

73 Vaxholm – das Tor zu den Schären

Ein idyllisches und lebhaftes Städtchen ist Vaxholm. Malerisch sind die vielen gut erhaltenen Holzhäuser aus der Jahrhundertwende, die in den für die Schären typischen zarten Pastelltönen gestrichen sind. Kleine Läden, Galerien, Gasthäuser und Cafés säumen die Wege. Beim Bummel am Kai entlang und durch die verwinkelten engen Gassen genießt man maritime Atmosphäre. Da gibt es Segelyachten in der Marina zu bestaunen, den Marktplatz mit seinem Rathaus zu erkunden und die vielen kleinen Villen zu bewundern. Die ganze Insel lässt sich umrunden. Dabei findet sich sicher auch ein schönes Plätzchen zum Entspannen oder ein Restaurant zum Einkehren.

Ein kleines Juwel etwas abseits des Trubels ist Hembygdsgårds Café am Norrhamnen. Dort stehen die ältesten Häuser der Insel. Berühmt ist das Café für sein Kuchenbuffet mit Kanelbullar, Torten, Kuchen und Gebäck aller Art. Es gibt Waffeln, aber auch Sandwiches mit Lachs. Im wunderschönen Garten sitzt man fast direkt am Meer, und in der Nähe gibt es eine Badebucht. Die Besucher freuen sich an der Aussicht, den vorbeiziehenden Segelbooten und genießen Sommer und Schärenleben. Oder zumindest einen ersten Vorgeschmack darauf, denn Vaxholm wird einerseits als Tor zu den Stockholmer Schären, andererseits als deren Hauptstadt bezeichnet, die hinter der Insel erst so richtig beginnen.

Neben dem Café befindet sich mit Hembygdsgården ein Museum, das zeigt, wie eine Fischerfamilie in den Schären Ende des 19. Jahrhunderts lebte.

Schon wenn man mit dem Dampfer in Vaxholm anlegt, fällt die mächtige Festung auf. Bereits im 16. Jahrhundert gab es dort eine Befestigung. Das heutige Kastell aus dem 19. Jahrhundert, in dem auch Führungen angeboten werden, erreicht man in wenigen Minuten mit der Seilfähre. Die Festung beherbergt ein Bistro und ein beliebtes Bed & Breakfast. Zu Filmruhm kam das wuchtige Gebäude als Seeräuberburg in *Pippi in Taka-Tuka-Land*. Kapitän Langstrumpf wurde dort von den Piraten Blut-Svente und Messer-Jocke gefangen gehalten.

TIPP

Schöner als mit U-Bahn und Bus ist eine Fahrt im Schärenschiff nach Vaxholm mit Strömma oder Waxholms-bolaget.

● Vaxholms Turistbyrån, Rådhuset, Torget, 185 32 Vaxholm, Tel. +46 (8) 54 13 14 80
www.destinationvaxholm.se
● ÖPNV: U-Bahn 14, Haltestelle Danderyds sjukhaus, dann Bus 670, Haltestelle Västerhamnsplan Vaxholm

Schwedische Hausmannskost

74 Restaurant Kvarnen – Tradition mit Söderflair

Zu literarischen und cineastischen Ehren kam das Restaurant Kvarnen durch die Millennium-Trilogie von Stieg Larsson: „Jeden Dienstagabend trifft Lisbeth Salander im Kvarnen die Mädels von der Rockband Evil Fingers. Auch Mikael Blomkvist und die Mitarbeiter von Millenium besuchen die Kneipe regelmäßig. Lisbeth versucht, die Aufmerksamkeit Mikaels auf sich zu ziehen, indem sie ihre Freundin Miriam Wu küsst, während er dort ein Bier trinkt.", so eine Passage im Buch. Kvarnen, 1908 als Bierhalle eröffnet, heißt „die Mühle" und ist mit über 100 Jahren eine der ältesten Kneipen Stockholms.

Ein junges, trendiges Publikum mischt sich im rustikalen Kvarnen mit Fans des örtlichen Traditionsclubs Hammarby IF und zahlreichen Stammgästen. Die Fußballfans treffen sich hier vor und nach den Spielen auf ein Bier. Und wer gut gemachte schwedische Hausmannskost in einem traditionsreichen Restaurant mit Patina probieren möchte, kommt um das Kvarnen nicht herum. Das Restaurant im Herzen von Södermalm ist zudem von der Atmosphäre des ehemaligen Arbeiter- und heutigen Künstlerviertels geprägt.

TIPP

Im Untergeschoss gibt es einen Club, der freitags und samstags bis 3 Uhr geöffnet hat.

Schon die deftigen Köttbullar mit Rahmsoße und Preiselbeeren sind einen Besuch wert. Seit 100 Jahren wird das Rezept von Generation zu Generation weitergegeben. Typisch schwedische Klassiker sind ebenso „Pytt i panna", eine Art Bauernfrühstück mit Kartoffeln, Ei, Cornichons und Rote Bete, gebratener Hering sowie die traditionelle Wurst Isterband aus dem südschwedischen Skåne. Es gibt „Wallenbergare", Frikadellen aus Kalbsbrät, mit Erbsen, Kartoffelpüree und Preiselbeeren, Toast Skagen, Pie aus Västerbottenkäse und verschiedene Sorten eingelegten Herings. Samstags und sonntags wird zum Brunch ein großes Smörgasbord aufgebaut. Dann kann man sich durch fast die gesamte schwedische Hausmannskost schlemmen.

Auf der Getränkekarte stehen neben Bier und Wein auch Cocktails, zum Beispiel Martini. Vielleicht eine kleine Reminiszenz an Bond-Darsteller Daniel Craig, der hier als Mikael Blomkvist vor der Kamera stand.

● Kvarnen, Tjärhovsgatan 4, 116 21 Stockholm, Tel. +46 (8) 6 43 03 80
www.kvarnen.com
● ÖPNV: U-Bahn 17, 18, 19 (grüne Linie), Haltestelle Medborgarplatsen

Ein Fest für die Augen

75

Malerprinz Eugens Waldemarsudde

Eines der schönsten Ausflugsziele in Stockholm ist Waldemarsudde. Hier umherzustreifen ist eine Wohltat für die Augen. Das liegt an dem prächtigen Garten mit unzähligen Blumen, den vielen Skulpturen und der grandiosen Aussicht. Inspirierend war die Umgebung auch für den ehemaligen Bewohner, der sich diesen Ort als sein Zuhause auserkoren hatte. Waldemarsudde war das Heim des Prinzen Eugen (1865–1947). 1892 hatte er diesen Platz entdeckt. Wenige Tage später kaufte er das Anwesen und entwarf nach seinen Wünschen zusammen mit dem Architekten Ferdinand Bomberg eine neue Villa im Jugendstil. In Paris als Maler ausgebildet, sah man Prinz Eugen oft am Wasser sitzen und malen. Er war ein bedeutender Landschaftsmaler und Kunstsammler. Heute sind viele seiner Gemälde zusammen mit denen einiger seiner berühmten Zeitgenossen, unter anderem Anders Zorn und Carl Larsson, auf Waldemarsudde ausgestellt. 2017 gewann das Museum die renommierte Auszeichnung Museum des Jahres. Es besteht aus dem 1905 fertiggestellten Hauptgebäude, dem „Schloss", in dem der Schlafsaal des Prinzen zu besichtigen ist, und dem 1913 angebauten Galeriegebäude.

Insgesamt ist Waldemarsudde 70.000 Quadratmeter groß und an drei Seiten von Wasser umgeben. Es gibt einen Uferweg mit Parkbänken. Zur Meerseite hin ließ der Prinz zwei große Terrassen anlegen, pflanzte Bäume und Blumen. Blau, Weiß, Gelb und Rosa mochte er am liebsten. Und er bevorzugte Blumen, die damals als altmodisch angesehen wurden, zum Beispiel Tagetes. Auch viele Kunstwerke aus der Sammlung des Prinzen schmücken den Garten. Nike von Samothrake ist eine Kopie der Skulptur, die als Original im Pariser Louvre zu sehen ist. Auguste Rodins Der Denker ist auf der Schlossterrasse zu sehen, und der mächtige Herakles von Antoine Bourdelle spannt im Garten seinen Bogen. Dazu kommen mehrere Werke von Carl Milles und anderen Künstlern. Auf dem Gelände steht auch eine alte Leinölmühle aus dem Jahr 1784, die ein beliebtes Motiv des Malerprinzen war.

TIPP

Im Park gibt es ein nettes kleines Café namens Ektorpet, das auch Mittagessen anbietet.

● Prins Eugens Waldemarsudde, Prins Eugens Väg 6, Djurgården, 115 21 Stockholm, Tel. +46 (8) 54 58 37 00, www.waldemarsudde.se
● ÖPNV: Straßenbahn 7, Haltestelle Waldemarsudde

Wellness mit Meerblick

76 Nynäs Havsbad – Strandhotel mit Spa-Pavillon

Was für ein bezaubernder Platz! Sanft schlägt das Wasser gegen die Klippen. Ein niedlicher kleiner Leuchtturm steht auf einem der Felsen. Dahinter breitet sich weit das offene Meer aus. Bis zum Horizont reicht der Blick. Eingehüllt in einen weißen Frotteebademantel sitzt eine Frau auf der von der Sonne gewärmten Holztreppe in Nynäs Havsbad. Hinter ihrem Rücken plätschert leise der kleine Sitzpool. Im Saunahäuschen hat man die Wahl zwischen einer Dampfsauna, einer Holzofensauna und einer Niedrigtemperatursauna zum gesunden Schwitzen. Auch von dort genießen Saunierende den Meerblick. Mutige springen oder klettern danach über die Leiter einfach ins kühle Meer, schwimmen vielleicht ein paar Züge und wärmen sich im heißen Whirlpool drinnen wieder auf.

TIPP

Nynäs Havsbad befindet sich auf der Insel Trehörningen, die mit Nynäshamn durch eine Brücke verbunden ist.

Der vor Kurzem renovierte und erweiterte Spa-Bereich befindet sich in einem wunderschönen pavillonähnlichen Gebäude. Es thront zum Teil auf Felsen, zum Teil auf Pfählen über dem Wasser. Vom Strandhotel aus erreicht man den Bereich über eine Brücke. Erbaut wurde Nynäs Havsbad mit Restaurant und Casino von 1906 bis 1913. 1905 war die Eisenbahnverbindung von Stockholm nach Nynäshamn fertiggestellt worden. Mitglieder des Königshauses, Adelige und die High Society strebten ins Kurhotel in den Schären, um es sich bei wohltuenden Behandlungen in der reizvollen Natur gut gehen zu lassen. Das noble Kurhotel gibt es heute zwar nicht mehr, aber das historische Strandhotel im Stil der Jahrhundertwende steht noch. Es wurde renoviert und erweitert. Heute bietet es 24 Hotelzimmer, Rezeption, Restaurant und Bar. Im Wellnesshotel mit modernerem Charakter befinden sich 49 Zimmer mit Meerblick und Tagungsräume.

Nynäs Havsbad bietet auch als Day Spa Erlebnisse für alle Sinne an. Im Pavillon am Meer gibt es einen Inhouse-Pool und einen sehr gemütlichen Ruhebereich, in dem man eine Weile vor sich hin schlummern oder ein Buch lesen kann. Massagen und Gesichtsbehandlungen mit Meerblick runden das Angebot ab.

● Nynäs Havsbad, Oskarsgatan 9, 149 34 Nynäshamn, Tel. +46 (8) 5 20 60 44
www.nynashavsbad.se
● ÖPNV: Pendelzug 43, Haltestelle Nynäshamn, dann Bus 858,
Haltestelle Nynäs Havsbad

Baden im Schärenparadies

77 Mit dem Fahrrad von Utö zum Sandstrand in Ålö

Ein herrlich weißer Sandstrand und viel Inselfeeling locken nach Ålö. Mit dem Båtshaket in einem alten Bootshaus gibt es hier auch ein richtiges Schärenrestaurant. Frische und in der eigenen Räucherei geräucherte Meeresfrüchte werden in stimmungsvollem Ambiente und mit einem herrlichen Blick auf das offene Meer serviert. Die kleine Insel ist mit der größeren Utö durch eine Brücke verbunden und prima mit dem Fahrrad erreichbar. Auf dem etwa 13 Kilometer langen Weg mit bezaubernden Aussichten auf das in der Sonne glitzernde Wasser mischen sich Wald- und Seeluft, was für sich schon die reinste Erholung ist. Für ein Picknick am Strand oder vor der Heimreise kann man sich einen Laib des berühmten Utö-Brotes, Kardamomschnecken, Kuchen oder anderes Gebäck aus der örtlichen Bäckerei mitnehmen.

TIPP

Im Sommer gibt es Direktverbindungen mit dem Boot ab Strömkajen nach Utö (3,5 Stunden). Von Nynäshamn fahren Boote nach Ålö (60 Minuten).

Utö ist eine der größeren und sonnenverwöhntesten Inseln im südlichen Stockholmer Schärengarten. Sie befindet sich östlich von Nynäshamn und gehört zusammen mit den Inseln Ornö, Rånö, Ålö und Nåttarö zu einer langgestreckten Schärengruppe. Früher gab es auf Utö eine Eisenerzmine, die älteste Schwedens. 700 Jahre lang wurde dort Erz abgebaut. Heute ist der alte Schacht mit Wasser gefüllt, und das tiefste Grubenloch ist 215 Meter tief. Wer mehr über das Leben damals erfahren möchte, kann das Minenmuseum besuchen. Als sich der Abbau nicht mehr lohnte, entwickelte sich Utö immer mehr zum Schärenparadies für die Stadtbewohner. Auch Schauspielerin Greta Garbo war hier zu Gast.

Utö lässt sich auf verschiedenen wunderschönen Pfaden, zum Teil am Wasser entlang, erwandern oder vom Wasser aus mit dem SUP oder dem Kajak erkunden. Es gibt einen Badeplatz mit Sprungtürmen und Steg sowie den Sandstrand Utö Storsand. Tiefes Wasser finden gute Schwimmer am Felsenbad in Rävstavik. Neben dem Båtshaket gibt es weitere gute Restaurants, etwa das Värdshus mit Bar und Außenveranda. Wer länger bleiben möchte, kann in Hotels, Hostels und Hütten übernachten.

● Utö turistbyrå, Gruvbryggan, 130 56 Utö, Tel. +46 (8) 50 15 74 10
www.uto.se
● ÖPNV: Pendelzug 43, Haltestelle Västerhaninge, dann Bus 846, Haltestelle Årsta brygga, Boot (Waxholmsbolaget) bis Gruvbryggan Utö

Oase zum Wohlfühlen

 78 ## Vintervikens Trädgård: Garten, Gemüse, Kultur

Es duftet betörend nach Rosen, die Blätter in den Bäumen rauschen, alles grünt und blüht in den schönsten Farben. Eine herrlich entspannende Oase nur einige U-Bahn-Stationen vom pulsierenden Stadtleben entfernt ist Vintervikens Trädgård. Tritt man durch das rotbraune Eingangstörchen aus Holz, befindet man sich in einem wunderschönen Schaugarten mit Bio-Café. Das war nicht immer so, denn dort, wo sich die Besucher heute erholen können, war einst ein Industriegebiet. Das änderte sich, als Stockholm 1998 zur Kulturhauptstadt ernannt wurde. Erste Teile des Gartens wurden angelegt, und inzwischen wird Vintervikens Trädgård seit mehr als 20 Jahren von einem Verein verwaltet. Ziel ist, die Besucher für Garten und Kultur zu begeistern. Obst, Gemüse und Blumen werden biologisch angebaut, und man strebt sowohl ökologisch als auch sozial nach Nachhaltigkeit.

Herzstück für die Gäste ist das Café, das vom Verein betrieben wird. Während des ganzen Jahres werden hier von der modernen Küche inspirierte Speisen serviert. Der Schwerpunkt liegt dabei auf Gemüsegerichten. Zucchini, Mangold, Kohl und Salate stammen ebenso wie die Früchte und Beeren aus dem eigenen Garten. Brot und Kuchen kommen in der eigenen kleinen Bäckerei aus dem Ofen. Eigentlich alles, was im Garten und in den Gewächshäusern reift, landet auf den Tellern der Gäste. Frischer geht es nicht. Da steht etwa Spitzkohl mit Karotten, Estragon, Bohnencreme und Haselnüssen auf der Karte. Es gibt Pilzpastete, verschiedene Salate und Pfannkuchen mit Erdbeermarmelade und Sahne. Im Sommer werden vegetarische Chorizos gegrillt und mit Karottenketchup, Rotkraut und Röstzwiebeln serviert. Vintervikens Trädgård ist auch ein beliebter Veranstaltungsort für Konzerte und Tanz. Blues- und Klezmermusik erklingt, Musiker und Chöre treten auf. Besondere Feierlichkeiten finden zu Mittsommer, an Weihnachten und in der Walpurgisnacht statt. In der Boutique im Garten werden Kunsthandwerk, Silberschmuck und pflanzengefärbte T-Shirts angeboten.

● Vintervikens Trädgård, Vinterviksvägen 30, 117 65 Stockholm
www.vinterviken.com
● ÖPNV: U-Bahn 13 (rote Linie), Haltestelle Aspudden (10 Minuten zu Fuß)

Charme der Zwanziger

 79 Das stilvolle Art-déco-Kino Capitol

Bequeme Sessel mit nachtblauem Samt in einem Filmsaal, dazwischen kleine runde Tische mit Lämpchen. Luxuriöse smaragdgrüne Plätze, ein freigelegter Boden mit rot-grün-beigem Rautenmuster und Balkonplätze im anderen Salon. Im Bio Capitol wird der Charme der 1920er-Jahre in einem stilvollen Art-déco-Kino lebendig. Viele der historischen Details, etwa Säulen, Stuck und Geländer, blieben bei der aufwendigen Renovierung erhalten oder wurden ergänzt. Biograf, oder kurz Bio, ist die schwedische Bezeichnung für Kino.

Das Capitol wurde 1926 erbaut und war damals Vasastans größtes und bestes Kino. Mitte der 1980er-Jahre wurde es geschlossen. Erst avancierte es zum Theater, dann zu einem Fernsehstudio und später wurde es in einen Konzertsaal umgewandelt. 2016 hörten ein paar Filmbegeisterte von dem dahindämmernden Kinojuwel und machten sich daran, es aus seinem Dornröschenschlaf zu wecken, um ein modernes Kino mit historischem Charme zu schaffen. 2018 wurde das Bio & Bistro Capitol eröffnet. Geboten wird eine große Auswahl an neuen Filmen und Klassikern von Ingmar Bergman bis Mamma Mia für ein anspruchsvolles, erwachsenes Publikum.

An den Wochenenden werden manchmal Filme zum Nachmittagstee angeboten. Wer möchte, kann beim Filmeschauen einen Wein genießen. An besonderen Dine-in-Plätzen können sich die Besucher bei den meisten Vorstellungen Speisen und Getränke aus dem Bistro an den Tisch bringen lassen. Verschiedene Pizzen, Steak oder vegetarische Gerichte werden dann diskret direkt am Platz serviert. Musikalische Darbietungen, Live-Auftritte oder Veranstaltungen wie Weinproben ergänzen das Filmangebot.

Anders als in Deutschland werden US-amerikanische oder englische Filme in Schweden nicht synchronisiert, sondern im Original gezeigt. Wer Englisch spricht, muss also keine Angst haben, dass er im Kino nichts versteht. Das Bistro ist auch für Gäste geöffnet, die keinen Film ansehen möchten. Es gibt Snacks wie spanische Boquerones oder Sobrasada sowie kleine Hauptgerichte.

....

● Bio & Bistro Capitol, Sankt Eriksgatan 82, 113 62 Stockholm, Tel. +46 (8) 51 16 57 81
www.capitolbio.se
● ÖPNV: U-Bahn 10, 11 (blaue Linie), Haltestelle Fridhemsplan

Schwedischer geht nicht

80 Mit der Segelyacht in den Schärengarten

Roten Farbklecksen gleich spitzen Holzhäuschen zwischen dem Grün an beiden Ufern hervor. Blaugelbe schwedische Fähnchen flattern an dünnen Stangen im Wind. Kanus, Kajaks, Jollen und Segelboote schaukeln an den Stegen. Ein idyllisches Sommerbild. Dazu zaubert das Gegenlicht Hunderte von Sternen auf die glitzernde Wasseroberfläche. Welch traumhafter Anblick! „Nähme ich Flügel der Morgenröte, machte ich mir eine Wohnung zuäußerst im Meer …" Schwärmerisch deklamiert Melker Melkersson diesen Psalm in Astrid Lindgrens Roman *Ferien auf Saltkrokan*. Sicher hatte er dabei den Stockholmer Schärengarten vor Augen. Und dorthin, zu den Inseln im mittleren und äußeren Schärengarten, bläst der Wind an schönen Sommertagen zahlreiche Segelyachten.

TIPP

Stockholm Adventures bietet auch Kajak-, Rib-Speed-Boat-, Fahrrad- und Segway-Touren an.

Die meisten Schweden träumen neben einem Sommerhäuschen auf einer Schäreninsel von einem Segelboot. Wer es ihnen gleichtun möchte und einen Segelschein besitzt, kann sich in Stockholm Yachten leihen, zum Beispiel bei der schwedischen Boot- und Yachtcharteragentur RTC. Allerdings bedarf es für den Törn durch den Schärengarten hinsichtlich der Navigation einiger Erfahrung. Das liegt an den vielen Untiefen. Es besteht aber auch die Möglichkeit, sich einen ganztägigen Segeltörn inklusive Kapitän zu buchen und bei einem entspannten Tag auf dem Wasser die unberührte Natur der Inseln ganz individuell zu entdecken. Angeboten werden solche Törns beispielsweise von Stockholm Adventures. Die Touren starten in der Kleinstadt Vaxholm, dem Tor zum Schärengarten. Wer mit Freunden oder der Familie einen mehrtägigen Törn buchen möchte, kann sich an Out Seglingsevenemang wenden (www.out.se). Dann übernachtet man entweder in einer Marina oder in einem Naturhafen. Geht die Sonne unter, schimmert das Meer wie dickflüssiges rotgoldenes Öl. Behäbig rollen die Wellen zum Ufer, manchmal klatscht es leise gegen den Bootsrumpf. Sonst ist alles still und dunkel – es sei denn, es ist Anfang August und Dutzende von Sternschnuppen flitzen über den Nachthimmel.

● Stockholm Adventures, Kungsbro strand 21, 112 26 Stockholm, Tel. +46 (8) 33 60 01
www.stockholmadventures.com
● ÖPNV: Bus 65, Haltestelle Bolinders plan

Bibliografische Informationen der Deutschen Nationalbibliothek
Die Deutsche Nationalbibliothek verzeichnet diese Publikation in der Deutschen Nationalbibliografie;
detaillierte bibliografische Daten sind im Internet über http://dnb.d-nb.de abrufbar.

Konzeption/Satz: Droste Verlag, Düsseldorf
Einbandgestaltung und Illustrationen: Britta Rungwerth, Düsseldorf, unter Verwendung von Bildern von
© Fotolia.com: jd – photodesign.de; © iStock: Plociennik Robert
Fotos: Älskade Traditioner: S. 117; Johan Annerfelt/Nynäs Havsbad: S. 159; Arkivet: S. 133; William Blennow/Omni-
pollo: S. 13; Bockholmengruppen: S. 113, S. 115; AnnSofie Börjesson/Bergius Botanic Garden: S. 41; Christoffer Broman:
S. 135; Anna Danielsson/Nationalmuseum: S. 85; Laila Duran/Skansen: S. 71; Anna Forslund: S. 9; Elias Gammel-
gård/Drottningholms Slottsteatern: S. 25; Granit: S. 151; Gröna Lund: S. 97; Johan Gustafsson/Nynäs Rökeriet: S. 149;
Susanne Hamann: S. 17; Jenny Hammar/Fotografiska: S. 43; Kylliki Hellström/Skansen: S. 55; Hermans: S. 61; Ulf Hu-
ett/Junibacken: S. 63; Richie Keegan: S. 137; Wolfgang Kleinschmidt: S. 131; Kungl. Hovstaterna: S. 47 (Gomer Swahn),
S. 105 (Henrik Nyström), S. 109 (Gomer Swahn), S. 121; Anna Lefvert/Hotel Rival: S. 147; Yanan Li: S. 89 (Millesgår-
den), S. 157; Jonas Lindström/Spritmuseum: S. 29; Jonas Lindström/Svenskt Tenn: S. 91; Peter Malmrup: S. 125;
Mathias Nordgren/Villa Godthem: S. 143; Niklas Nyman/Bio Capitol: S. 165; Fredrik Rollmann/Centralbadet: S. 77;
Rosenhills Trädgård: S. 35; Markus Sjöberg/Lillebrors Bageri: S. 129; Jürgen Stegmaier: S. 11; Stockholms Aeter- &
Essencefabriken: S. 21; Stockholm Archipelago/Henrik Trygg: S. 27, S. 161; Vete Katten: S. 57; Vintervikens trädgård:
S. 163; Visit Stockholm: S. 23, S. 53, S. 45 (Anna Hugosson), S. 75 (Alexander Dokukin), S. 83 (Tove Freij), S. 95
(Jeppe Wikström), S. 123 (Henrik Trygg), S. 139 (Tove Freij), S. 155 (Staffan Eliasson); Visit Sweden: S. 31 (Carolina
Romare), S. 39 (Werner Nystrand/Folio), S. 59 (Simon Paulin), S. 67 (Susanne Walström), S. 79, 119 (Ola Ericson);
Jesper Wahlström: S. 153; Hendrik Zeitler/Nordiska Museet: S. 111
Alle anderen: Claudia Linz

Druck und Bindung: LUC GmbH, Greven
ISBN 978-3-7700–2328-8

www.droste-verlag.de